WESTEND

Zum Buch:
Spätestens »Stuttgart 21« hat es gezeigt: Die Zeiten sind vorbei, in denen die Bürger der Politik folgen und vertrauen. Aber wir alle wissen häufig nicht, wo wir konkret anfangen können. Hier liefert das Buch 50 Ansätze für jedermann und jedefrau, um im Großen genauso Einfluss zu nehmen auf gesellschaftliche Verhältnisse wie im Kleinen auf das persönliche Lebensumfeld. Kein typischer Ratgeber, sondern ein Sachbuch mit Gebrauchswert.

Ines Pohl ist seit 2009 Chefredakteurin der *taz*. Die studierte Germanistin arbeitete zuvor als freie Journalistin, Ressortleiterin Politik der *Hessischen/Niedersächsischen Allgemeinen* und Korrespondentin für die Mediengruppe Ippen in Berlin. 2004/2005 war sie als Stipendiatin der Nieman Foundation for Journalism für ein Jahr an der University of Harvard.

Ines Pohl (Hg.)

50 einfache Dinge, die Sie tun können, um die Gesellschaft zu verändern

Redaktion:
Ute Scheub,
Jürgen Gottschlich,
Mathias Bröckers

WESTEND

Mehr über unsere Autoren und Bücher:
www.westendverlag.de

Die Deutsche Nationalbibliothek verzeichnet diese Publikation in der Deutschen Nationalbibliografie; detaillierte bibliografische Daten sind im Internet über http://dnb.d-nb.de abrufbar.

FSC
Mix
Produktgruppe aus vorbildlich bewirtschafteten Wäldern und anderen kontrollierten Herkünften
www.fsc.org Zert.-Nr. SGS-COC-003993
©1996 Forest Stewardship Council

ISBN 978-3-938060-34-6

Umschlaggestaltung: Buchgut, Berlin
Umschlagabbildung: Peggie Arvidson
Autorenfoto: Bernd Hartung
Typografie: Stefanie Silber Gestalten, www.silbergestalten.de
Satz: Publikations Atelier, Dreieich
Druck und Bindung: CPI – Clausen & Bosse, Leck
Printed in Germany

Inhalt

Ökologie 80

Soziale Kreativität 131

Vorwort

Heute schon die Welt gerettet?

Von Ines Pohl

Millionen von Toten in den aktuellen Kriegen in Irak, Afghanistan und Kongo, Tausende vergewaltigte Frauen, misshandelte Mädchen, Billionen ungedeckter Schulden in den Blasen der Finanzmärkte, Milliarden von Steuergeldern als Rettungspakete für Banken und Spekulanten – und gleichzeitig eine langwierige Diskussion, ob fünf oder sechs Euro mehr »Hartz IV« angemessen sind.

Extreme Temperaturveränderungen an den Polen, fortschreitender Kahlschlag an den grünen Lungen des Planeten, Bodenzerstörung, Artenvernichtung – und gleichzeitig eine »Umweltplakette« für 300-PS-Panzer in Innenstädten.

Trotz des seit Jahrzehnten wachsenden Wohlstands eine Schere zwischen Arm und Reich, zwischen Gemeinwohl und Eigennutz, die immer weiter auseinanderklafft. Und weil Medien und Politiker miteinander um Aufmerksamkeit konkurrieren, wird auch das Klagen über diesen Zustand der Welt immer lauter, immer schriller. Was nicht in eine knallige Überschrift passt, geht unter in dieser Inszenierung einer Welt, die angeblich immer undurchschaubarer, immer komplexer, immer unbezwingbarer wird. Darin zeigt sich das Gegenteil von dem, was nach Kant Aufklärung bedeutet, nämlich der »Ausgang des Menschen aus seiner selbstverschuldeten Unmündigkeit«.

Wenn wir behaupten, die Welt sei überkomplex und unübersichtlich, schwingt immer auch die faule Behauptung mit, wir selbst seien darin ohnmächtig und hilflos. Gerieren wir uns selbst als machtlos, entbinden wir uns auch jeder Pflicht, die Welt zu verändern. Dieser Einsicht ist dieses Buch verpflichtet. Es geht nicht um Revolutionsentwürfe, sondern um kleine Schritte; nicht um theoretische Forderungen, sondern um machbare, praktische Hinweise und Verbesserungsvorschläge; nicht um ein Rezeptbuch zur Rettung der Welt – irgendwann –, sondern um Anregungen, vor Ort und bei sich selbst anzufangen. Dabei sollten wir uns nicht vom Großen, vom Überirdischen überfordern lassen. Sondern uns fordern lassen vom Kleinen, vom Naheliegenden, vom Machbaren. Und zwar jetzt. Denn eine zweite, eine bessere Welt wird uns nicht anvertraut werden. Für uns gibt es dieses eine Mal. Jetzt sofort und nicht widerrufbar.

Dass der Westend Verlag für ein solches Buch auf die *taz* zukommt – und dass mit Ute Scheub, Jürgen Gottschlich und Mathias Bröckers drei »Urgesteine« aus der Gründergeneration die Redaktion übernommen haben – ist kein Zufall. »Wir warten nicht auf bessere Zeitungen«, war vor über 30 Jahren die Parole der *taz*-MacherInnen – und sie fingen vor Ort und einfach selbst damit an. Dieser Esprit und diese Hemdsärmeligkeit einer kleinen Gruppe Engagierter – aus der mittlerweile eine Genossenschaft mit über 10 000 Mitgliedern, eine Tageszeitung mit über 200 000 LeserInnen pro Tag und eine unüberhörbare Stimme in der Öffentlichkeit geworden ist – ein solcher zupackender Geist scheint heute wieder notwendiger denn je. Und die 50 einfachen Dinge und Überlegungen, die im Folgenden präsentiert werden, zeigen auf, wo solche engagierten Geister und nachdenkende AktivistInnen heute gefragt sind.

Die Auswahl, die wir getroffen haben, erhebt keinesfalls den Anspruch auf Vollständigkeit, sehr wohl aber auf Notwendigkeit und Machbarkeit – und das vielfältige Spektrum der Themen sollte jeden an gesellschaftlichem Wandel Interessierten etwas finden lassen. Gemeinsam ist diesen so verschiedenen Dingen, dass sie Alternativen zum Bestehenden aufzeigen und davon ausgehen, dass neue gesellschaftliche Bewegungen und Formationen immer innerhalb der alten entstehen – oder sie entstehen gar nicht. Sogenannte Paradigmenwechsel werden nicht von wenigen oktroyiert, sie entstehen von unten, indem viele Einzelne ein Beispiel setzen und diese Veränderung leben und in die Tat umsetzen. Darum geht es in diesem Buch.

Das Scheitern der großen Ideologien des 20. Jahrhunderts – des ungezügelten Kapitalismus ebenso wie des staatszentrierten Sozialismus – lässt uns für das kommende Jahrhundert nur eine Alternative, wenn die Menschheit die Klima-, Hunger- und Finanzkrisen überleben soll: eine gemeinwohlorientierte ökologische Gesellschaft. Diese hat mit den alten zentralistischen Sozialismusvorstellungen so wenig zu tun wie mit einer von marodierendem Finanzkapital abhängigen Weltwirtschaft. Ihre sich abzeichnenden Grundrisse zeigen: Ihr zentrales Paradigma ist ein Gemeinwohl, das die Ideologie ewigen Wirtschaftswachstums durch Gemeinwohl-Bilanzen und Bruttosozialglück ersetzt. Sie ist weitgehend dezentral organisiert, sie fördert regionale Autonomie und die freiheitliche Selbstbestimmung der Menschen, sie behandelt die der ganzen Menschheit gehörenden Gemeingüter Wasser, Boden, Luft, Pflanzen und Tiere oder auch Wissen, Sprache und Kultur mit Fürsorge.

In einer gemeinwohlorientierten Gesellschaft werden kontraproduktive Machthierarchien zunehmend durch Selbstorganisation und freiwillige Kooperation von Gleichberechtigten ersetzt. In ihrer Konzentration auf die konsequente ökologische Nutzung von Energie- und Stoffströmen vor Ort beruht sie auf dem Subsidiaritätsprinzip – im Zweifel für die kleinteilige

Struktur und nicht den Weltmarkt –, und dennoch ist sie weltoffen und per Internet mit dem ganzen Globus verbunden und der ganzen Welt verpflichtet. Denn in dieser globalisierten Welt ist auch das kleinste Dorf von dem betroffen, was die Großen beschließen und umsetzen.

Dieses Buch gibt also Anstöße und Anregungen zu Veränderungen, die sich in vielen Bereichen bereits abzeichnen: in den Debatten über Common Goods oder über das Grundeinkommen, in den dezentralen erneuerbaren Energien, in der Re-Regionalisierung der Wirtschaft und der Re-Kommunalisierung der lokalen Grundversorgung, in den Ideen über Bruttosozialglück statt Bruttosozialprodukt, in der bis in die Naturwissenschaften reichenden Rückbesinnung auf Kooperation statt Konkurrenz. Nach mehr als 100 Jahren ideologischem Darwinismus und einseitiger Fixierung auf das »Überleben des Stärkeren« zeichnen sich auch hier neue Einsichten ab: Die Evolution ist weniger dem Kampf ums Dasein geschuldet, sondern den Fähigkeiten zu Vertrauensbildung, Kooperation und gegenseitiger Hilfe. Ohne sie können sich auch unsere heutigen Gesellschaften nicht weiterentwickeln. Es sind dieselben Werte, auf denen die neue Gemeinwohl-Ökonomie beruht, die auch unsere Beziehungen gelingen lassen. Und gelingende Beziehungen – nicht nur in der Liebe, sondern auch bei der Arbeit, unter Freundinnen und Freunden, in der Nachbarschaft, in den verschiedenen Formen von Vergemeinschaftung – sind das, was Menschen am glücklichsten macht.

In diesem Sinne hoffe ich, dass Ihnen die Lektüre dieses Buches ein Quentchen Glück beschert – denn auch das weiß man heute dank der Hirnforschung: Das Gefühl, etwas verstanden und durchdrungen zu haben und schließlich in Handlung umzusetzen, kann eine Menge Glückshormone freisetzen. Man erfährt sich als eine Person, die tätig eine Veränderung bewirkt und dafür Anerkennung erhält.

Solidarische Ökonomie

I Keine Revolution ist auch keine Lösung!

Wir müssen vielleicht nur einen neuen Begriff dafür finden, denn »Reform« hat (spätestens nach Hartz IV) einen strengen Geruch angenommen.
Von Christian Semler

Von der Fassade des Hauses der Demokratie in der Greifswalder Straße, wohin man die Bürgerbewegten und Menschenrechtler aus der Berliner Mitte verfrachtet hat, hing kürzlich ein Transparent herunter, auf dem zu lesen stand: »Keine Revolution ist auch keine Lösung!«. Woran erinnerte das bloß? Richtig! An die Toten Hosen. In einem ihrer Songs aus dem Jahr 2002 heißt es: »Kein Alkohol ist auch keine Lösung / Ich hab' es immer wieder versucht / Kein Alkohol ist auch keine Lösung / Es würde gehen, doch es geht nicht gut.« Wir haben hier den seltenen Fall der glücklichen Adaption eines Trinkerliedes für politische Zwecke vor uns. Denn das dringende Bedürfnis nach Revolution stellt zwar keine dem permanenten übermäßigen Alkoholgenuss vergleichbare Sucht dar, wohl aber eine Sehnsucht, die ebenfalls unstillbar ist – allen realitätstüchtigen Einwänden zum Trotz.

Unglücklicherweise ist den mittlerweile zahlreichen Einträgen im Internet zu dieser schönen Losung deren grammatikalische Struktur entgangen. Die Verfasser der Einträge lesen einfach: »Die Revolution ist die Lösung!« und mühen sich, entsprechende Argumente zu liefern. Tatsächlich aber stellt der Slogan die Entgegnung zu einer vorher aufgestellten These dar, deren Wahrheitsgehalt gar nicht angezweifelt wird. Im Fall der Toten Hosen geht es um die Antwort auf den Werbespruch der Antialkoholiker: »Der Alkohol ist keine Lösung«. Stimmt. Aber ihm zu entsagen, so die Toten Hosen, bringt auch nichts. Im Fall der Revolution geht es um die Antwort auf den Werbespruch der Antikommunisten: »Die Revolution ist keine Lösung.« Stimmt, antwortet die Losung auf der Greifswalder Straße. Aber! Aber ihre Notwendigkeit zu verneinen, bringt ebenfalls nichts.

Wir, also die Linken, haben hier ein offensichtliches Dilemma vor uns. Denn es ist nur schwer zu bestreiten, dass die politischen Revolutionen des 20. Jahrhunderts in ihrem Ergebnis weit davon entfernt waren, ihrem erklärten Ziel näherzukommen, also Ausbeutung, Unterdrückung und Staatstyrannei abzuschaffen. Im Gegenteil! Sie brachten nur Unfreiheit und Unterentwicklung. Nicht ohne Grund hieß es in den Ländern des östlichen Europa, die die sozialistische Revolution schon hinter sich hatten, vor 1989: »Der Sozialismus ist der langwierigste Umweg vom Kapitalismus zum Kapitalismus.« Und statt, wie im Prager Frühling 1968, zu versuchen, dem Sozialismus »ein menschliches Antlitz zu geben«, ging es nach der friedlichen Revolution von 1989 in den vormals realsozialistischen Ländern für linke Demokraten nur noch darum, dasselbe mit dem wieder eingeführten Kapitalismus zu versuchen. All diese bitteren Erfahrungen haben »die Massen« auch im Westen dazu gebracht, die sozialistische Revolution als gefährliches Hirngespinst abzutun.

Andererseits befinden sich die Reformisten, die die Notwendigkeit der Revolution bestreiten und das ungezügelte Marktgeschehen mittels staatlicher Maßnahmen zähmen wollen, ebenfalls in der Sackgasse. Um dies zu beweisen, genügt ein einfacher Vergleich zwischen den international vernichtenden

Wirkungen der Banken- und Finanzkrise des Jahres 2008 und den Reförmchen des Jahres 2010, die lediglich dem Ausbruch einer erneuten Krise präludieren. Das heißt, den Sumpf mittels eines Löffels trockenzulegen.

Der Begriff der »Reform« selbst hat in Deutschland seit der »Agenda 2010« einen strengen Geruch angenommen. Er steht für Sozialabbau und die Demontage demokratischer Grundrechte. Eine der Ursachen hierfür ist darin zu sehen, dass es nur die Drohung mit der Revolution war, die die kapitalistisch orientierten Machteliten zu jenen Reformen veranlasst hatte, deren Ergebnis der Wohlfahrtsstaat war. Keine Drohung mehr – nur noch Konterreform. Die eben erwähnten »Massen« haben ein ziemlich klares Bild dieser Verhältnisse, aber zucken nur massenhaft mit den Schultern. Sie sind offensichtlich der Meinung, dass sie in der Revolution doch mehr zu verlieren haben als ihre Ketten.

2002 sangen die Toten Hosen in »Kein Alkohol ist auch keine Lösung«: »Und dann werde ich leicht melancholisch / und etwas passiert in mir / ich kriege sentimentale Gefühle / aber leider kein Feeling dafür!« Hieße das auf unseren Slogan übertragen, es bleibt den Linken als »Feeling« nur linke Melancholie? Nur Jammern und Picheln, weil es mit Hammern und Sicheln vorbei ist? Paradoxerweise erfreut sich der Begriff der Revolution in der Werbebranche immer größerer Beliebtheit, während er in seiner früheren Bedeutung, als politische Aktion, immer weniger greifbar wird. Vielleicht sollten wir fürs Erste einfach, in Ermangelung eines denkbaren Wegs zum Sozialismus, einen neuen Begriff für Revolution erfinden. Einsendungen bitte an den Westend Verlag.

2 *Wie schütze ich mich vor dem nächsten Crash?*

Bloß kein Gold kaufen! Wer sein Geld retten will, muss für Umverteilung und höhere Steuern sein.
Von Ulrike Herrmann

Die Frage ist verzwickt und wird doch millionenfach gestellt: Wo bloß lassen sich die eigenen Ersparnisse noch sicher anlegen, wenn selbst Staaten in den Bankrott steuern? Griechenland ist pleite, Irland auch, und Portugal kippelt. Die Finanzkrise ist nicht vorbei, sondern bedroht die Rücklagen eines jeden. Die naheliegende Antwort für viele Kleinsparer und Anlegerinnen scheint zu sein: raus aus dem Geld, rein in die Sachwerte. Die Preise für Aktien, Gold und gut gelegene Immobilien steigen rasant.

Die Anleger verfahren dabei nach dem Motto einer biederen Hausfrau: »Da weiß man, was man hat.« Es scheint sie zu beruhigen, dass Gold oder Immobilien so sinnlich sind. Man kann sie anfassen, streicheln, renovieren, bewohnen. Auch wenn eine Finanzkrise durch die Bankenwelt fegt – das Haus wird hinterher noch stehen. Viele Anleger wollen gar nicht glauben, dass Sachwerte nicht viel sicherer sind als schlichtes Geld. Und doch würde eine zweite Finanzkrise nicht nur Bankeinlagen vernichten, sondern auch den Wert der Immobilien und Aktien dezimieren.

Dieser abstrakte Gedanke wird vielleicht verständlicher, wenn man ihn konkret illustriert. Stellen wir uns also Helmut Panik vor, der sich vor einer zweiten Finanzkrise fürchtet und deswegen noch schnell verschiedene Mietshäuser in Frankfurt und Berlin kauft. An seinen neuen Immobilien ist übrigens nichts auszusetzen: Sie liegen zentral und sind gut erhalten.

Auch seine Mieter zahlen pünktlich. Panik fühlt sich also sicher, als die zweite Finanzkrise hereinbricht. Doch schon bald wird auch er vom Crash eingeholt. Denn viele Hausbewohner können die volle Miete nicht mehr aufbringen. Sie haben ihre Jobs verloren und einen Teil ihrer Ersparnisse. Die Einnahmen von den restlichen Mietern reichen gerade, um die laufenden Kosten der Häuser zu decken. Panik hat zwar Immobilien, aber keine Erträge mehr. Verkaufen kann er seine Häuser auch nicht, denn alle anderen Eigentümer stehen vor ähnlichen Problemen. Seine einst so teuren Immobilien sinken stark im Wert.

Es hätte Panik auch nichts genutzt, statt der Mietshäuser Aktien oder Gold zu kaufen. Denn sobald eine Finanzkrise einsetzt, gibt es fast niemanden mehr, der diese Sachwerte erwerben will. Wer möchte schon Gold kaufen, wenn er gerade einen Teil seiner Bankeinlagen verloren hat? Was eben noch wertvoll war, wird in der Krise wertlos.

Selbst ethisch wertvolle Investments helfen nicht wirklich weiter. Viele Anleger drängen jetzt zur GLS Bank, die ihre Einlagen nur an alternative Energiebetriebe, Biohöfe oder Praxen von Heilpraktikern weiterreicht. Diese nachhaltige Kreditpolitik ist zu begrüßen – aber leider begrenzt, solange nicht die gesamte Wirtschaft auf Windräder und Bioäcker umgestellt ist. Schon jetzt hat die GLS Bank Mühe, die Flut der Gelder sinnvoll anzulegen. Dabei beträgt die Bilanzsumme nur etwa 1,7 Milliarden Euro; das ist ein Promille der Deutschen Bank. Man stelle sich also das Chaos vor, wenn plötzlich alle Kunden klassischer Banken zur GLS wechseln wollten.

Die individuelle Flucht vor einer Finanzkrise ist nicht möglich. Ein Crash wird zwar gern als »Finanz-Tsunami« bezeichnet, doch eigentlich ist selbst dieses Horrorbild falsch. Eine Finanzkrise ist keine Flutwelle, die zwar die Küstenbewohner bedroht, aber das Landesinnere intakt lässt. Ihre Wirkung ähnelt viel eher jenem Meteoriteneinschlag oder Vulkanausbruch vor 65 Millionen Jahren, der die Dinosaurier komplett aussterben ließ. Geld ist ein kollektives Gut, dessen Krise also alle trifft.

Manche Anleger denken daher radikal. Sie wollen aus dem bisherigen Geldsystem aussteigen und träumen von der Selbstversorgung. Populär ist jetzt der Schrebergarten, der in Notzeiten die Kartoffeln liefern soll. Auch Ideen wie Regiogeld oder Tauschbörsen greifen um sich. Gegen diesen Abschied vom globalen Zahlungsmittel ist nichts zu sagen, nur sollte man wissen, was damit aufgegeben wird: Bereits in der Antike haben sich die Menschen konvertible Währungen zugelegt, um über weite Strecken handeln zu können. Immer schon wollten sie die Vorteile der Arbeitsteilung und der Massenproduktion nutzen.

Wer lieber im bisherigen Finanzsystem verbleiben will, hat nur eine Chance: Da es keinen individuellen Schutz vor einem Crash gibt, muss dieser eben verhindert werden. Das ist so ambitiös, wie es klingt. Denn inzwischen ist ja das gesamte Finanzsystem instabil. Nicht nur Banken, auch Staaten kollabieren. Was soll da noch helfen?

Für eine Antwort ist es wichtig, zunächst einmal die Krisenursache zu verstehen. Die letzte Finanzkrise ist in ihrem Kern eine Verteilungskrise gewesen. Sie ist nur entstanden, weil sich Vermögen und Einkommen weltweit bei den reichsten zehn Prozent konzentrieren. In den obersten Schichten sammelte sich das Geld, während es unten fehlte. Der Massenkonsum stagnierte, was wiederum die Realwirtschaft behinderte. Doch gleichzeitig wuchs das Finanzkapital, das auf die Suche nach Rendite ging. Der bequeme Ausweg hieß zunächst: Kredit. Ob in den USA, Irland oder Spanien: Die kaufkraftschwachen Massen wurden mit Hypotheken beglückt. Diese Blase ist nun geplatzt.

Dennoch wurde das Verteilungsproblem bisher nicht gelöst,

sondern nur Kosmetik betrieben. Die Zentralbanken senkten ihre Leitzinsen, Ramschpapiere wurden mit Steuergeldern aufgekauft, die EU verabschiedete Rettungspakete für notleidende Euro-Staaten – und die Banken dürfen weiter spekulieren, damit sie Gewinne machen, die ihre Verluste aus der letzten Finanzkrise kompensieren.

Dies alles wirkt nur kurzfristig und befördert langfristig eine neue Krise. Wer sie nicht will, muss das Verteilungsproblem lösen – und zwar weltweit. Nur wenn die Reichen mehr Steuern zahlen und die Angestellten mehr Einkommen haben, wird sich eine neue Finanzkrise verhindern lassen. Das klingt wie eine Utopie? Dann kommt der nächste Crash bestimmt.

Was kann ich selbst tun?

Die Finanzkrise ist nicht nur eine Gefahr für die Wirtschaft, sondern auch für die Demokratie. Da Banken so außerordentlich gut zahlen, konzentrieren sich dort fast alle Finanzexperten. Es gibt kaum Investmentbanker, die ihr Wissen den NGOs zur Verfügung stellen. Das EU-Parlament hat daher im Sommer 2010 öffentlich und parteiübergreifend gewarnt, dass es nicht mehr gegen den Lobbydruck der Banken ankommt. Umso wichtiger ist es, die wenigen NGOs zu stützen, die sich mit Steuern und Finanzmärkten auseinandersetzen. Dies sind vor allem: attac und das Tax Justice Network.

www.attac.de
www.taxjustice.net

3 Rechtsschutz für gemeinschaftliche Güter

Die Idee der »Common Goods« ist ein Polarstern, an dem sich emanzipative Bewegungen orientieren können. Dazu bedarf es aber neuer gesetzlicher Bestimmungen.
Von Mathias Greffrath

Muss man für die Idee der »Gemeingüter« – oder, wie es die semantischen Erneuerer nennen: für »Commons« oder »Common Goods« – noch werben? Wasser, Luft, Boden stehen von Naturrecht wegen allen Erdbewohnern zu – davon ist jedes Kind überzeugt. Und mit ein wenig Nachdenken auch davon, dass sie »nicht Eigentümer der Erde sind, (sondern) nur ihre Besitzer, ihre Nutznießer, die sie als gute Familienväter den nachfolgenden Generationen verbessert zu hinterlassen haben« (Karl Marx, *Das Kapital*). Vom Alten Testament über Aristoteles, Thomas von Aquin über Rousseau und Kant bis John Stuart Mill und Tolstoi sind diese Gedanken tief im Mainstream der abendländischen Gedankenwelt verwurzelt. Was für die Gaben der Natur zutrifft, gilt ebenso für den gesellschaftlichen Reichtum. Auch er ist ein Gemeingut: Das Mit-Eigentum an ihm wird nur durch Arbeit legitimiert, schreibt John Locke, und Adam Smith ergänzt: Die enorme Produktivität dieser Arbeit beruht auf ihrer Gesellschaftlichkeit, auf der Arbeitsteilung. Bürgerlicher Reichtum ist daher immer der »Reichtum der Nationen«.

Sicher, alles Evidente muss erkämpft werden. Aber vor und nach Marx, vor und nach den Kämpfen der Arbeiterbewegung, war der »kommunale Sozialismus« mit seinen Parks, Bibliotheken und Konzerthallen, Schulen und seinem städtischen Wohnungsbau nicht nur eine Abwehrbastion der Bourgeoisie, sondern Fundament des bürgerlichen Ethos. »An der Arbeit, die in unsichtbarer Verkettung alle leisten, sind alle berechtigt«, schrieb Walter Rathenau. »Jeder bedarf des gemeinsamen

Schutzes, der gemeinsamen Einrichtungen, die er nicht geschaffen hat. Das Dach, unter dem er schläft, die Straße, die er betritt, das Werkzeug, das er hebt, dies alles ist von der Gesamtheit geschaffen. Eigentum, Verbrauch und Anspruch sind nicht Privatsache.«

Eigentum verpflichtet

Insofern muss der Gedanke des Gemeineigentums – wie die ihn stützenden Gefühle – nicht »wiederentdeckt« werden. Wir haben da nur ein Vollzugsdefizit. Das allerdings seit langem. Für den ersten Absatz des Artikels 14 unseres Grundgesetzes, die Eigentumsgarantie, gibt es detaillierte und strenge Ausführungsbestimmungen: das Bürgerliche Gesetzbuch. Für seinen zweiten Absatz – »Eigentum verpflichtet. Sein Gebrauch soll zugleich dem Wohle der Allgemeinheit dienen« – sind sie immer noch zu schreiben. In einem Komplementärband zum BGB müsste die Eigentumsordnung der Gemeingüter entwickelt werden: angefangen mit Mineralien, Fauna und Flora, Atmosphäre, über Boden und Saatgut, die Infrastrukturen von Verkehr, Transport und Kommunikation, den Gemeinbesitz am öffentlichen Raum, an den Wissens- und Kulturbeständen bis zum Recht auf sinnvolle Arbeit und gleiche Bildungschancen.

Ein solches »BGGB« (Bürgerschaftliches Gemeineigentums-Gesetzbuch) müsste die Regeln präzisieren, die dem Eigentumsindividualismus, vor allem der »juristischen Personen«, die sich längst zu souveränen Staaten aufgeworfen haben, Schranken setzt. Und weiter: die private Aneignung der Naturschätze unterbinden; den Rahmen setzen für die Entfesselung des Wissens und der Kultur, die durch die neuen Medien möglich geworden ist; die Patentierung des Lebens mit Sanktionen belegen; die sozialen Minima definieren, die Voraussetzungen der Demokratie sind: Freiheit von Not, Hunger, Krankheit, Angst, Unwissenheit und Unsicherheit.

Wer von Gemeineigentum redet und damit nicht auf diesen Kampf um das Recht abzielt, hat sich schon in die freiwillige und langandauernde Defensive begeben. Verweise auf indigene Traditionen oder traditionelle Rechte, Prognosen eines drohenden zivilisatorischen Kollapses, eine Ethik des Teilens – all das bleibt luftig und ohne nachhaltige Wirkung, wenn es nicht auf positives, sanktionierbares Recht hinauswill. Denn das Recht ist die Form, in der wir in der Neuzeit gelernt haben, unsere Besitzansprüche zu organisieren und durchzusetzen.

Kampf um ein internationales Recht

Diese Form aber ist nicht mehr ausreichend. Global: Die leergefischten Meere, die erwärmte Atmosphäre, die kontaminierten Böden, die Erschöpfung der fossilen Energiequellen und des Wassers lassen heftige und kriegerische Auseinandersetzungen erwarten, wenn wir zu keiner bindenden und sanktionsbewehrten transnationalen Rechtsordnung finden. Auf der nationalen Ebene schrumpfen die historisch erworbenen Ansprüche auf den »Wohlstand der Nationen«, weil Regierungen aus Finanznot das »Volkseigentum« verscherbeln und nicht mehr in die Zukunft investieren. Und am »unteren« Ende dieser Entwicklung, wo das Leben spielt, verarmen die Kommunen, in denen sich die Problemzonen überlagern: Arbeitslosigkeit, Kriminalität, Verelendung der öffentlichen Dienste, Migration, Sinnhunger, Armut.

Die Einsicht in die Dringlichkeit von »Gemeineigentum«, »Commons« oder »Common Wealth« (Toni Negri) wächst. Sittengesetz, Notlagen, Erfindungsgeist und Lust an Gemeinschaft treiben den Widerstand gegen eine totalitär werdende privatrechtliche Eigentumsordnung an, ebenso wie die alternativen Versuche, die herrschende Unordnung durch Formen von Gemeineigentum und solidarischer Arbeit zu unterlaufen. Das reicht von CarSharing, Landkommunen, Wohnungsgenossenschaften, Gemeindegärten, Selbsthilfenetzen über Bewegungen zur Rekommunalisierung von Stadtwerken, Initiativen für 100-Prozent-Gemeinden und die Rückeroberung öffentlicher Räume, bis hin zu den transnationalen NGOs gegen Saatgutpatente, »landgrabbing«, Zerstörung der Restnatur und die WTO-Welt.

Die Idee der »Commons« ist ein Polarstern, an dem sich alle diese disparaten Bewegungen orientieren können. Eine »große Strategie«, ein Masterplan folgt daraus freilich nicht. Sicher, »in der Theorie« kann man die globale Sicherung von Gemeingütern – Wasser, Luft, Ernährung, Rohstoffe, Energie, Boden – elegant mit den anstehenden Lebensstiländerungen in der Wohlstandswelt verbinden: der Ersetzung des exzessiven Individualkonsums durch die Renaissance der Gemeingüter; dem Wandel von materiellem zu immateriellem Konsum, von marktförmiger Organisation sozialer Aufgaben zu genossenschaftlicher und nachbarschaftlicher. Aber die Nischen der solidarischen Ökonomie erstarken nur in einer Rechtsordnung, die ihre Ausweitung ermöglicht, ermutigt, finanziell anstößt. Dabei werden kommunale Commons, regionale Wirtschaftsformen, nationale Raumordnungen, globale Imperative unvermeidlich in Konflikte geraten. Auch für solche Konflikte sind neue Formen der Austragung notwendig, denn eine hocharbeitsteilige und interdependente Welt lässt sich nicht rätedemokratisch organisieren.

Commons sind kostbar

Die tausend Bewegungen, die von der Idee des gemeinschaftlichen Eigentums getragen werden, wachsen wie von selbst aus sozialen Nöten und Konflikten heraus. Aber ihre Absicherung finden sie bis jetzt immer noch in nationaler Gesetzgebung und in den Aktivitäten nationaler Regierungen. Das gilt für die Etablierung transnationaler und globaler Commons (Cancún) oder Umweltnormen (Brüssel), für die Auseinandersetzung um die Privatisierung der Bahn oder den Energiewandel (Berlin), für die Wiedereroberung der Stadt durch ihre Bürger (Stuttgart). Immer geht es dabei um neue Rechtssetzungen. Wer von Gemeingütern redet, der redet von Enteignungen bestehender Inhaber privater Verfügungsrechte. Und deshalb ist »Commons« ein Kampfbegriff. Die Leuchtkraft dieses Leitsterns verdankt sich seiner unschlagbaren ontologischen und moralischen Evidenz, seinem Universalismus, der von unseren Seelenregungen bis in die Regulierung der Atmosphäre reicht, seinem ehrwürdigen Alter und nicht zuletzt seiner Herkunft aus der religiösen Volkstradition.

Und deshalb ist dieser Gedanke zu kostbar, um auf Subkulturen oder Protestbewegungen beschränkt zu bleiben. Zumal er nicht deren Erfindung ist, sondern viele Väter hat, nicht zuletzt die unseres Grundgesetzes. Wie wäre es mit einem Wahlkampf, in dem die Konkurrenten darüber streiten, wie sie die fälligen Ausführungsbestimmungen der Artikel 14 (und, falls das nicht reicht: Artikel 15) gestalten wollen, etwa, wie sie die eklatanten Widersprüche von Gemeinwohl und Aktienrecht zu lösen gedenken? Ein solcher Streit könnte ganz neue Bündnismöglichkeiten eröffnen – mit dem Rückenwind der Geschichte. Von selbst, aus dem Inneren der Parteien, wird er freilich nicht entstehen.

Buchtipp: *Wem gehört die Welt? Zur Wiederentdeckung der Gemeingüter*, herausgegeben von Silke Helfrich und der Heinrich-Böll-Stiftung, München 2009
www.commonsblog.de
http://bienscommuns.org
www.keimform.de

4 Gemeinwohl-Ökonomie

Die Sehnsucht nach einer Systemalternative wächst. Ein wachsender Kreis von UnternehmerInnen entwickelt deshalb gemeinsam die »Gemeinwohl-Ökonomie«. Diese baut auf menschliche Stärken und mehrheitsfähige Werte – und misst sie in der »Gemeinwohl-Bilanz«.
Von Christian Felber

88 Prozent der Menschen in Deutschland und 90 Prozent in Österreich wünschen sich laut einer Umfrage der Bertelsmann-Stiftung vom Juli 2010 eine »neue Wirtschaftsordnung«. Verständlich, denn die Krise ist nicht nur ein »Auswuchs« der Finanzmärkte. Finanzkrise, ökologische Krise, Verteilungskrise, Demokratiekrise, Sinn- und Wertekrise hängen zusammen und wohnen dem gegenwärtigen Wirtschaftssystem inne. Immer mehr AkteurInnen erkennen, dass das System falsch gepolt ist und auf destruktiven Spielregeln beruht: Unternehmen konkurrieren um den höchsten Finanzgewinn. Das ist absurd, weil ein höherer Finanzgewinn nichts darüber aussagt, was eine Gesellschaft zusammenhält und weiterbringt. Bessere Finanzergebnisse können mit weniger Arbeitsplätzen, zerstörter Umwelt, steigender Armut, zunehmender Krankheit und Kriminalität einhergehen, denn Gewinnstreben und Konkurrenz fördern tendenziell die gegenteiligen Verhaltensweisen und Werte, die unsere Beziehungen gelingen lassen: also nicht Vertrauensbildung, Verantwortung, gegenseitige Hilfe, Mitgefühl und Kooperation, sondern Egoismus, Gier, Geiz, Verantwortungs- und Rücksichtslosigkeit. Das ist der »Systemfehler« in der gegenwärtigen Wirtschaftsordnung.

Das von einem wachsenden Kreis von UnternehmerInnen gemeinsam ausgearbeitete Modell der Gemeinwohl-Ökonomie versucht diese Widersprüche aufzulösen, indem sie zentrale Systemweichen umstellt und das Streben der individuellen ökonomischen AkteurInnen vom vorrangigen Eigennutz auf den Vorrang des Gemeinwohls »umpolt«. Das Gemeinwohl soll nicht länger der erhoffte *Nebeneffekt* des individuellen Vorteilsstrebens sein, sondern zum *Zweck* der wirtschaftlichen Privatinitiative werden, die das Wohl der Einzelnen einschließt. Adam Smiths historischer Ausspruch »Nicht vom Wohlwollen des Bäckers, Brauers, Metzgers erwarten wir unsere tägliche Mahlzeit, sondern davon, dass sie ihre eigenen Interessen verfolgen« wird vom Kopf auf die Füße gestellt: »Vom Wohlwollen aller Wirtschaftsakteure erwarten wir das Wohl aller.«

Die erste Systemweiche, die dabei umgestellt wird, ist das Verständnis von unternehmerischem »Erfolg«: Dieser sollte nicht länger mit Finanzgewinn gleichgesetzt werden, weil Finanzgewinn genauso wenig über den eigentlichen Sinn des Wirtschaftens aussagt wie ein höheres Bruttoinlandsprodukt über gesamtgesellschaftlichen Wohlstand: Ein höheres BIP kann mit höherer Arbeitslosigkeit, ungerechterer Verteilung, Umweltzerstörung und sogar aktiver Kriegsführung einhergehen; ein höherer betrieblicher Finanzgewinn mit weniger sozialer Sicherheit, geringeren Einkommen, Umweltzerstörung oder der Verletzung der Menschenwürde. Neue Bedeutung von unternehmerischem Erfolg sollte deshalb sein: ein größtmöglicher Beitrag zum allgemeinen Wohl. Operativ ginge das in drei Schritten: Gemeinwohlverhalten muss erstens in wesentlichen Punkten definiert, zweitens gemessen und drittens belohnt werden.

Für den ersten Schritt gibt es erfreulich übereinstimmende Vorarbeiten: »Berührungsgruppen« (Stakeholder) wünschen sich weltweit von Unternehmen umfassende Transparenz, soziale Verantwortung, ökologisch nachhaltiges Wirtschaften, innerbetriebliche Demokratie sowie gesamtgesellschaftliche Solidarität. Diese Grundwerte könnten in der »Gemeinwohl-Bilanz«, dem Herzstück der Gemeinwohl-Ökonomie, gemessen werden. Als dritten Schritt könnten die »Erfolgreichen« in der neuen Bedeutung systematisch belohnt werden: Wer die Beschäftigten mitbestimmen lässt; gleich viele Frauen in Führungspositionen wählt wie Männer; für gleichen Arbeitseinsatz gleichen Lohn bezahlt; einen hohen Anteil der Vorprodukte aus der Region bezieht; KundInnen in die Planung einbezieht oder Know-how freiwillig an die Mit-Unternehmen weitergibt, der erhält »Gemeinwohl-Punkte«. Je höher die Punktezahl, desto besser ist die Gemeinwohl-Bilanz des Unternehmens, desto größer könnten später auch die rechtlichen Vorteile sein: günstigerer Mehrwertsteuersatz, niedrigerer Zolltarif, günstigerer Kredit bei der »Gemeinwohl-Bank« oder Vorrang im öffentlichen Einkauf. Da die erreichte Gemeinwohl-Farbe auf allen Produkten sichtbar gemacht wird, haben auch die KonsumentInnen eine klare Orientierung für die Kaufentscheidung.

Die Finanzbilanz bliebe erhalten, aber das Gewinnstreben würde eingeschränkt: Nach wie vor verwendet werden dürfen Gewinne für soziale und ökologisch wertvolle Investitionen, Kreditrückzahlungen, begrenzte Ausschüttungen an die Mitarbeitenden oder Rückstellungen. Nicht mehr erlaubt sind hingegen: feindliche Übernahmen, Investitionen auf den Finanzmärkten und die Ausschüttung an Personen, die das Unternehmen nur besitzen, aber nicht darin mitarbeiten. Dadurch wird die Entscheidungsmacht in das Unternehmen zurückgebracht; Geld wird vom Zweck zum Mittel der Wirtschaft.

Ein weiterer »Anker« dafür ist die ebenfalls bereits in Gründung befindliche »Demokratische Bank«. Sie leitet die finanziellen Überschüsse der einen ohne Gewinnorientierung an Unternehmen und Haushalte weiter, die jetzt investieren und damit dem Gemeinwohl nutzen. Die Finanzmärkte heutiger Prägung sollten geschlossen werden: Ratingagenturen, Fonds, Derivate und auch Börsen. Aktiengesellschaften werden in Bürgerbeteiligungsmodelle umgewandelt und große Unternehmen demokratisiert: Ab 250 Beschäftigten erhalten die Mitarbeitenden und die

Gesellschaft ein Drittel der Mitspracherechte, ab 1000 Beschäftigten zwei Drittel. Die Begrenzung des Erbrechts ermöglicht eine stattliche »Demokratische Mitgift« für alle: Wenn das »Startkapital« gleicher verteilt ist, sind es auch die Chancen. Ziel der Gemeinwohl-Ökonomie ist, dass in der Tendenz a) alle Menschen Unternehmen mitbesitzen, b) in diesen mitbestimmen und mitgestalten können und dadurch c) Verantwortung und Risiko von allen geteilt wird und nicht von einer Geldelite wie heute.

Die Folgen wären nachhaltig: Wenn der Profit nicht mehr maximiert und Konkurrenzunternehmen nicht mehr feindlich übernommen werden dürfen, ergibt Wachstum als Hauptstrategie keinen Sinn: Alle Unternehmen wären vom allgemeinen Wachstumszwang und gegenseitigen Fresszwang erlöst.

Ende 2010 unterstützten bereits 160 Unternehmen aus fünf Staaten das Modell, 50 erstellen 2011 freiwillig erstmals die Gemeinwohl-Bilanz. Um sie herum wächst ein Gemeinwohl-Bilanz-BeraterInnen-Netzwerk sowie das »Energiefeld Gemeinwohl-Ökonomie«, das allen offensteht. Jede/r kann mitmachen!

www.gemeinwohl-oekonomie.org
www.christian-felber.at

5 *Freiheit, Gleichheit, Grundeinkommen*

Ein Grundeinkommen bzw. Grundauskommen für alle Menschen würde viele Probleme lösen und jede Menge Kreativität freisetzen. Ein Dorf in Namibia hat's schon mal erfolgreich ausprobiert.
Von Adrienne Goehler

Damit alle Menschen ihres Glückes Schmied sein können, brauchen sie Amboss, Eisen und Hammer. Das Grundeinkommen ist in diesem Bild die schlichte Basisausstattung der Werkstatt, den Hammer werden die Leute dann schon selbst in die Hand nehmen. Das Grundeinkommen beendet die Bevormundung durch den Staat und schafft Freiheit, die es so noch nie gab, die Freiheit, die eigenen Geschicke selbst zu lenken.

Die Idee des bedingungslosen Grundeinkommens knüpft an die humanistischen Ideale der Aufklärung an und schreibt sie ganz und gar unblutig weiter. »Freiheit, Gleichheit, Brüderlichkeit« würden dann wirklich für alle Menschen – Frauen wie Männer und Kinder – gelten. Es entwickelt den Menschheitstraum von freien und gleichen Entfaltungsmöglichkeiten weiter. Zwei Jahrhunderte und zwei Jahrzehnte nach der Französischen Revolution könnte »Freiheit. Gleichheit. Grundeinkommen!« den dringend notwendigen gesellschaftlichen Schub auslösen, um Leben, Arbeit, Gemeinschaft, Kümmern ganz anders zu verstehen.

Das internationale Netzwerk für das Grundeinkommen (BIEN) nennt vier Kriterien für das zu schaffende Basiseinkommen für alle: 1.) Jeder Mensch hat einen individuellen Rechtsanspruch auf ein Grundeinkommen, das 2.) die Existenz sichert und 3.) kulturelle Teilhabe ermöglicht, 4.) ohne Zwang zur Arbeit. Seine Einführung würde unsere bisherigen Vorstellungen von Arbeit und Leben auf individueller und gesellschaftlicher Ebene radikal ändern, es wäre eine Ermächtigung zur Selbstermächtigung. Gleichzeitig wäre es eine kreative Antwort auf die weltweite Veränderung von Arbeit durch Produktionswachstum bei gleichzeitigem Wegfall von Arbeitsplätzen – »jobless recovery«, wie der US-Vordenker Jeremy Rifkin das nennt.

Was wir denken können, können wir auch realisieren. Und an vielen Ecken wird laut über die Kernfrage nachgedacht: »Was würde ich arbeiten, wenn für mein Einkommen gesorgt wäre?« Diese Frage ist zugleich verunsichernd, wie sie die Phantasie und die Imagination entfesselt, sie lädt zum Tagträumen, zum Verwerfen, zum verschwenderischen Neu-Denken ein und führt zur größeren Frage: »Wie wollen und wie können wir eigentlich leben, wenn wir nicht unter den Drohungen von vereinzelnder Existenzangst stehen, wenn wir unsere Fähigkeiten uns und der Gesellschaft zur Verfügung stellen könnten? Was könnte dies an Entschleunigung mit sich bringen?«

Das bedingungslose Grundeinkommen könnte *die* Errungenschaft des 21. Jahrhunderts werden, die am menschlichen Vermögen, den Fähigkeiten und Möglichkeiten der Einzelnen anknüpft – an dem Wunsch aller, Resonanz erzeugen zu wollen, gemeint zu sein, gebraucht und geliebt zu werden. Das bedingungslose Grundeinkommen ist ein Möglichkeitsraum für ein gesellschaftlich Größeres.

Dies würde nicht nur für hoch entwickelte, postfordistische Staaten gelten. Denn während Deutschland einst Idee und Handlungsansätze seines Sozialstaatsmodells exportiert hat, bedarf es heute eher des Imports von Ideen und Modellen. Trotz lebendiger öffentlicher Diskussion gibt es hier noch kein einziges praktisches Beispiel von Grundeinkommen.

Deshalb könnten wir von einem Dorf in Namibia lernen, Otjivero, das *Der Spiegel* das »Dorf der Zukunft« nannte. Das größte Pilotprojekt eines »Basic Income Grant« (BIG) weltweit wurde durch Nichtregierungs- und evangelische entwicklungspolitische Organisationen initiiert und von einer Studie begleitet, die zu dem Schluss kommt, dass »auf den Erfahrungen von Otjivero basierend, man auf der sicheren Seite argumentieren kann, dass das BIG Armut und Arbeitslosigkeit reduzieren, ökonomische Aktivitäten und Produktivität steigern, Bildung und Gesundheit für die meisten Namibier verbessern wird«. In der Untersuchung wird zudem die Finanzierbarkeit eines Grundeinkommens für alle in Namibia aufgezeigt. Ganz nebenbei würde das Land dadurch die Millenniumsziele erreichen, zu denen es sich verpflichtet hat.

Das BIG ist weder in Namibia noch anderswo ein Allheilmittel und es ersetzt keine Arbeitsplätze, keine unkorrupten Regierungen, keine funktionierende Bildung und keine Stromversorgung. Aber es hat Ideen freigesetzt, zur »Befreiung des Geistes« geführt, wie der namibische evangelische Bischof Kameeta sagt, der als der vertrauensvolle Initiator des Pilotprojektes gilt.

Zwei Jahre praktische Erfahrung mit dem Grundeinkommen in dem Dorf legen nahe, dass sich damit Armut und Korruption grundsätzlich und wirksam beeinflussen ließen. Es ist unübersehbar, dass es noch viel mehr bewirkt hätte, wenn Schulen wirklich frei wären, so wie in der Verfassung garantiert, oder wenn Entwicklungshilfe wirklich greifen würde. Otjivero hätte in den zwei Jahren mit Grundeinkommen nachhaltige Strukturen entwickeln können, wenn Transport- und Energiekosten nicht einen großen Anteil der Einkommen verschlungen hätten. Und die Gesellschaft für Technische Zusammenarbeit (GTZ) hätte ihren selbstgesteckten Zielen näherkommen können, wenn sie dem Dorf einen Kleinbus und eine Solaranlage zur Verfügung gestellt hätte.

Überhaupt wirft die Erfahrung in Otjivero die entscheidende Frage auf: Bisher macht die klassische Entwicklungshilfe weltweit vor allem die Korruption stark und Machthaber, Despoten, Diktatoren, Clans und die Industrie der Geberländer reich. Weshalb wird sie nicht radikal auf das bedingungslose Grundeinkommen umgestellt? Wie könnte man besser dem Wohle und der Würde der Menschen gerecht werden?

www.archiv-grundeinkommen.de
www.initiative-grundeinkommen.ch
www.kultkino.ch/kultkino/besonderes/grundeinkommen
Buchtipp: Götz W. Werner, Adrienne Goehler: *1 000 € für jeden. Freiheit. Gleichheit. Grundeinkommen,* Berlin 2010

6 Ungleichheit schadet, Gleichheit nützt

Warum egalitäre Gesellschaften wirtschaftlich besser funktionieren und ihre Mitglieder glücklicher machen.
Von Robert Misik

Es gibt kein gesellschaftliches Problem, keine soziale Pathologie, die sich nicht mit dem Grad an materieller Ungleichheit in einer Gesellschaft erklären ließen. Wirtschaftliche Instabilität? Nicht unwesentlich eine Folge von mangelnder Binnennachfrage in wichtigen Volkswirtschaften und damit von mangelnder Kaufkraft unterprivilegierter Gesellschaftsschichten. Langzeitarbeitslosigkeit? Nicht zuletzt eine Folge von Chancenarmut jener, die schon mit miserablen Startbedingungen ins Leben gehen. Bildungskrise? Folge davon, dass viele Kinder schon als »geborene Verlierer« eingeschult werden und sich kaum jemand darum bemüht, deren Nachteile auszugleichen – im Gegenteil, unsere Schulsysteme verstärken die soziale Selektion noch. Integrationsprobleme? Meist ein Resultat des Umstandes, dass Unterprivilegiertheit in Migrantenmilieus häufiger verbreitet ist und sich soziale Chancenlosigkeit in unterprivilegierten Stadtvierteln besonders ballt.

Aber im Umkehrschluss heißt das freilich auch: Es gibt kaum ein soziales Problem, das nicht entschärft oder vollends aus der Welt geschafft werden könnte, wenn man unsere Gesellschaften gleicher macht. Je egalitärer eine Gesellschaft, desto besser funktioniert sie – die Wirtschaft funktioniert besser, die Institutionen funktionieren besser, es lebt sich einfach besser in ihr.

Nicht nur die neoliberalen Parolenschleuderer haben uns in den vergangenen Jahrzehnten immer wieder glauben zu machen versucht, man müsse in Kauf nehmen, dass die Ungleichheitsschere aufginge. Schließlich sei eine brummende Wirtschaft nicht anders zu haben. Und von einer brummenden

Wirtschaft hätten am Ende doch alle etwas – weil nur dann Wohlstand geschaffen wird, der letztendlich auch zu den Ärmeren durchsickere. Aber es waren auch die progressiven politischen Kräfte und Milieus, die sich, manchmal nur klammheimlich, vom Ziel der Gleichheit verabschiedet hatten: Schließlich seien wir doch alle unterschiedlich, die Welt ist bunt, und das ist ja gut so – ist »Gleichheit« da nicht ein anachronistischer Wert?

Nichts von all dem ist wahr. Egalitärere Gesellschaften funktionieren wirtschaftlich besser, und das gilt auch für kapitalistische Marktökonomien. Denn Gerechtigkeit – oder in anderen Worten: die faire Beteiligung von möglichst vielen Bürgern am Wohlstand – ist kein langweiliges moralisches Gebot, das in einem Spannungsverhältnis zu den Geboten der Marktwirtschaft steht. Gerechtigkeit ist wirtschaftlich nützlich. Weil eine egalitärere Wohlstandsverteilung die Nachfrage hebt, weil mehr Menschen dann ihre Talente entwickeln können und damit zur allgemeinen Wohlfahrt beitragen. Umgekehrt: Grobe Ungleichheiten in Kauf zu nehmen heißt, dass das Potential vieler Menschen ungenutzt bleibt.

Aber darüber hinaus lässt es sich in egalitäreren Gesellschaften schlicht und einfach auch besser leben. Und das wissen wir heute dank verschiedener sozial- und naturwissenschaftlicher Studien sehr gut. Sozusagen: Was man früher schon ahnte, kann man heute empirisch beweisen. Zunächst haben die »Happiness Studies«, die mit Langzeitdaten im Hinblick auf die allgemeine Lebenszufriedenheit arbeiten, herausgefunden, dass die Menschen heute keineswegs glücklicher sind als vor fünfzig Jahren und dass die wachsende Lebenszufriedenheit in entwickelten Ökonomien kaum vom Wohlstandszuwachs abhängt, aber sehr vom Grad der Egalität eines Gemeinwesens. Soll heißen: Einkommenszuwachs kann durchaus sogar unglücklich machen, wenn er mit wachsender Ungleichheit einhergeht.

Zuletzt hat die Studie »Gleichheit ist Glück – Warum gerechte Gesellschaften für alle besser sind« der britischen Sozialwissenschaftler Richard Wilkinson und Kate Pickett geradezu eingeschlagen. Anhand von über 200 Datensätzen aus mehreren dutzend Nationen haben sie so nahezu jeden Lebensqualitätsparameter verglichen und ins Verhältnis zum Grad der materiellen Ungleichheit gesetzt. Das Ergebnis ist eindeutig. Welchen Parameter man auch unter die Lupe nimmt – sei es Lebenserwartung, Kindersterblichkeit, den Gesundheitszustand der Bürger, die Zahl der Teenagerschwangerschaften, Alkoholismus, das allgemeine Bildungsniveau oder sanfte Faktoren wie die subjektive Lebenszufriedenheit oder das Niveau wechselseitigen Vertrauens der Bürger zueinander – praktisch in jeder Hinsicht schneiden egalitäre Gesellschaften besser ab als weniger egalitäre. Und vielleicht noch wichtiger: Nicht nur die Unterprivilegierten auf den unteren Sprossen der sozialen Leiter leben in egalitären Gesellschaften besser, auch die auf den oberen Sprossen leben besser als ihre »Kollegen« in ungleicheren Gesellschaften. Und zwar aus einer Reihe von Gründen, die wohl damit zusammenhängen, dass der soziale Stress in antiegalitären Gesellschaften für alle negative Folgen hat und dass in diesen wichtige gesellschaftliche Institutionen schlechter funktionieren, was wiederum für alle nachteilige Konsequenzen hat.

Ungleichheit lässt Gesellschaften von innen verrotten. Materielle Ungleichheit übersetzt sich in Statusungleichheit – wer unten ist, ist täglichen Demütigungen und Respektlosigkeiten ausgesetzt. Wer Augen hat zu sehen, der weiß, was das mit Menschen anrichtet.

Was ist zu tun?

Wie kommt man nun zu egalitäreren Gesellschaften? Dafür braucht es gute Jobs für möglichst alle – und damit eine Wirtschaftspolitik, die das ermöglicht. Die Menschen brauchen ordentliche Löhne – dies begünstigt man, indem man etwa Gewerkschaften politisch stärkt, statt sie zu delegitimieren. Gesellschaftliche Institutionen, Kindergärten, Schulen, das Bildungssystem, das Gesundheitssystem müssen Ungleichheiten korrigieren, statt sie zu perpetuieren. Man braucht Vermögenssteuern, Erbschaftssteuern statt hoher Abgaben auf Arbeit – weil nur so ein bereits erreichter Grad an materieller Ungleichheit wieder korrigiert werden kann. Und es braucht einen »Geist der Egalität«, zu dem sich all diese und viele andere Maßnahmen summieren – im Laufe der Zeit, über ein, zwei Generationen hinweg.

Mit einem Wort: Es bräuchte einen massiven politischen Kurswechsel. Als Einzelner oder Einzelne kann man durch »individuelles Verhalten« hier nicht viel ändern – abgesehen davon, dass man sich für einen solchen politischen Kurswechsel stark machen kann. In NGOs wie attac oder auch innerhalb politischer Parteien. Aber das stimmt nicht ganz. Schließlich kann man durch individuelles Verhalten eine Kultur der Ungleichheit auch noch unterstützen, selbst wenn einem das gar nicht so bewusst ist – etwa, wenn man seine Kinder auf eine Privatschule statt ins Normalschulsystem schickt oder indem man in »seinen Kreisen« bleibt und anderen reserviert begegnet oder indem man Statusunterlegene wie Dienstboten behandelt. Seien wir ehrlich, all das kommt auch in linken Milieus vor und fällt manchen gar nicht mal richtig auf. Ja, dass es nicht auffällt, sondern oft schon als »normal« erscheint, ist Resultat einer Kultur der Ungleichheit. Insofern kann man umgekehrt auch zu einer Kultur der Gleichheit beitragen.

Buchtipp: Richard Wilkinson/Kate Pickett: *Gleichheit ist Glück – Warum gerechte Gesellschaften für alle besser sind,* Berlin 2009
http://www.misik.at/sonstige/der-egalitarismus---die-nachste-grosse-idee.php
www.equalitytrust.org.uk

7 Mädchen fördern heißt Kriege verhindern

Langsam realisieren auch Männer, dass Geschlechtergleichheit ein strategisches Schlüsselelement für Entwicklung, Wohlstand und persönliches Glück ist.
Von Ute Scheub

»Wo Frauen das Sagen haben, geht es auch den Männern besser«, behaupten zunehmend auch Männer. Zum Beispiel Ricardo Coler, ein argentinischer Reporter. Bei der chinesischen Minderheit der Mosuo gebe es weder Ehen noch Kleinfamilien und Gewalt, dafür viele Freiheiten für Frauen *und* Männer, berichtet er in seinem Buch *Das Paradies ist weiblich*. Maos Kommunisten hatten die Mosuo-Männer vom Leben in der mutterzentrierten Großfamilie abbringen wollen – sie weigerten sich.

Ähnlich sah es bei den Semai aus, die bis in die 1980er Jahre unberührt im tiefsten Dschungel von Malaysia lebten. Ethnologen berichteten, die Semai seien das friedlichste Völkchen der Erde, sie kennten keinen Statusunterschied zwischen Frauen und Männern, keine Aggression oder sexuelle Gewalt, auch keinen Staat, kein Privateigentum, keine Hierarchien. Ehen würden auf Zeit geschlossen, außereheliche Beziehungen sähen die Semai als »ein Ausleihen«. Konflikte würden in langen Palavern gelöst. Die Semai sagten über dieses Verfahren: »Es gibt mehr Gründe, einen Disput zu fürchten als einen Tiger.«

Von insgesamt 25 friedfertigen Gesellschaften, die die US-Friedensforscherin Elise Boulding auf www.peacefulsocieties.org vorstellt, sind 19 geschlechteregalitär: Der Status von Frauen und Männern unterscheidet sich nicht. Es existiert offenbar ein enger Zusammenhang zwischen Statusgleichheit und Friedensfähigkeit. Das scheinen auch die Studien der US-Konfliktforscher Mary Caprioli und Marc A. Boyer zu bestätigen. In einer statistischen Analyse von 159 Ländern zwischen

1960 und 1992 fanden sie heraus: Staaten sind friedlicher, wenn viele Frauen in ihren Parlamenten vertreten sind und schon lange das Wahlrecht haben, wenn ein hoher Prozentsatz von ihnen bezahlt arbeitet und die Geburtenrate niedrig ist. Die USA sind als Supermacht die Ausnahme von der Regel. Die Ergebnisse gelten auch umgekehrt, und zwar unabhängig von anderen Entwicklungsfaktoren: Länder neigen dann zu Kriegen und Bürgerkriegen, wenn sie wenig oder keine Parlamentarierinnen haben, kein länger geltendes Frauenwahlrecht, nur wenig bezahlte Jobs für Frauen und eine hohe Geburtenrate.

Statusunterschiede können also leicht zu innerer und äußerer Gewalt führen, das weiß man auch von der Unterdrückung ethnischer oder religiöser Minderheiten. Der Geschlechterstatus aber ist ein strategisches Schlüsselelement, weil die konkrete Erfahrung von Gleichheit oder Ungleichheit oder gar Gewalt zwischen Eltern schon bei kleinen Kindern die Spur bahnt, ob sie später egalitär-gelassen oder autoritär-aggressiv mit »Anderen« umgehen. Marx hat mit einem schönen Spruch das ganze Elend des Geschlechterkampfs auf den Punkt gebracht – nein, nicht Karl, sondern Groucho Marx. Der Komiker sagte zu einer Dame, die sich seinem Sitzmöbel näherte: »Madam, ich würde ja meinen Sitz für Sie aufgeben, wäre da nicht die Tatsache, dass ich selbst darin sitzen würde!« Männer wollen Machtpositionen nicht gern abgeben, obwohl es ihnen nützen würde.

Trotz einiger – meist wenig angenehmer – weiblicher Staatschefs: In nur 24 von 192 Staaten erreichen Frauen in Parlamenten die »kritische Masse« von über 30 Prozent, die sie zu messbarem Einfluss auf die nationale Gesetzgebung befähigt. 2010 hatte Ruanda die meisten weiblichen Abgeordneten (56,3 Prozent), gefolgt von Schweden (45 Prozent) und Südafrika (44,5 Prozent). Deutschland liegt auf Platz 18. Westliche Staaten sind keineswegs so eindeutig die Vorkämpfer für Frauenrechte, für die sie sich gerne ausgeben.

Bei Rankings zur Geschlechtergerechtigkeit und zu Lebensqualität und Glück aber nehmen Norwegen, Schweden, Finnland und Island die vordersten Plätze ein. Eine weitgehende Gleichheit hilft Männern und Frauen offensichtlich, Arbeit und Familie besser auszubalancieren. Eine schwedische Studie ergab bereits 1996: Wenn ein Paar eine gute Balance zwischen Arbeit und Familie aushandelt, hat das positive Effekte auf die Gesundheit und das Glücksgefühl aller Familienangehöriger – also auch der Väter.

Geschlechtergleichheit ist auch ein Schlüsselfaktor für Wohlstand und nationale Entwicklung. »Frauen sind entscheidend für die ökonomische Entwicklung, eine aktive Zivilgesellschaft und eine gute Regierungsführung, vor allem in Entwicklungsländern«, schreibt die US-Professorin Isobel Coleman in der US-Zeitschrift *Foreign Affairs*. »Sich auf Frauen zu konzentrieren ist oft der beste Weg, Geburtsraten und Kindersterblichkeit zu reduzieren, Gesundheit, Ernährung und Bildung zu verbessern, die Ausbreitung von HIV und Aids aufzuhalten, robuste und sich selbst erhaltende Gemeindeorganisationen aufzubauen und eine Demokratie von unten zu ermöglichen.« Bildung ist also das beste Verhütungsmittel. Eine Faustregel laut Coleman: Wenn Mädchen drei Jahre länger zur Schule gehen, sinkt die Geburtsrate um ein Kind. Mädchenbildung könne sogar fruchtbarer sein als Dünger: »Weltbankstudien sagen aus, dass es in Gegenden mit geringer Frauenbildung produktiver ist, sie ein Jahr länger zur Schule zu schicken, als ihnen den Zugang zu Dünger zu ermöglichen.« Alarmierenderweise aber nimmt die weibliche Sekundärbildung in vielen Ländern Asiens, Afrikas, Lateinamerikas und Osteuropas ab.

Was kann ich selbst tun?

Wer Mädchen und Frauen fördern will, kann an Hilfsorganisationen wie medica mondiale spenden oder sich an der witzig aufgemachten Oxfam-Kampagne »Unverpackt« beteiligen: Die Jahresschulgebühren für ein Mädchen kosten dort 24 Euro, Unterstützung von Powerfrauen 30 Euro oder weibliche Existenzgründung 127 Euro.

www.peacefulsocieties.org
www.medicamondiale.org
www.oxfamunverpackt.de
Buchtipp: Nicholas D. Kristof, Sheryl WuDunn: Die Hälfte des Himmels, München 2010

8 Wahre Männer schlagen nicht

Mit Fußball und Spaß gegen Gewalt: Was man von der südafrikanischen Männerorganisation »Sonke« für Deutschland lernen kann.
Von Rita Schäfer

Sie beweisen männliche Stärke – allerdings nicht mit körperlicher Gewalt, sondern durch das Gegenteil: Friedfertigkeit. Denn sie verurteilen die Gewaltverherrlichung und lehnen sexualisierte Gewalt als Sinnbild männlicher Übermacht strikt ab. Couragierte Männer in Südafrika bilden seit 2006 ein Netzwerk gegen Gewalt. »Sonke« – »Gemeinsam gegen Gewalt!« lautet ihr Motto. Die Botschaft ihrer Medienkampagne ist bewusst positiv formuliert: »Männer können lieben – leidenschaftlich, respektvoll und sensibel.« Weltweit gilt »Sonke« als eine der besten und produktivsten Organisationen für innovative Männerarbeit.

Ihre Gründungsmitglieder waren in der rassistischen und militarisierten Apartheid-Gesellschaft aufgewachsen, in der das Leben eines schwarzen Menschen nichts zählte. Deshalb wurden sie im Anti-Apartheidkampf aktiv, was sie zu Zielscheiben der Polizeigewalt machte. Zehntausende junger Schwarzer wurden in Untersuchungshaft gefoltert, zahllose sexuell misshandelt. Im Apartheidstaat galt geschlechtsspezifische Gewalt als Machtmittel gegen schwarze Frauen *und* Männer.

Zwar brachte die Wahrheits- und Versöhnungskommission Einzelheiten über einige Auftragsmorde durch rangniedrige Handlanger des weißen Sicherheitsapparats ans Tageslicht, die weit verzweigten Gewaltstrukturen deckte sie aber nicht auf. Es gab kein Forum, um die politischen Hintergründe und individuellen beziehungsweise gesellschaftlichen Folgen der Vergewaltigungen aufzuarbeiten. Deshalb konnte sich geschlechtsspezifische Gewalt nach der politischen Wende in den 1990er Jahren ungebrochen fortsetzen.

Im Vorfeld der Fußballweltmeisterschaft 2010 schaute die Weltöffentlichkeit ängstlich nach Südafrika. Viele sorgten sich um die Sicherheit deutscher Fußballfans. Nachdem die dortigen Verantwortlichen das Polizeiaufgebot zum Schutz der Fans verstärkt hatten, war ungetrübte Feierlaune angesagt. Gering war das Interesse an den Townships, problembeladenen Wohngebieten der schwarzen Bevölkerungsmehrheit, wo nach wie vor Arbeitslosigkeit und Armut Alltag sind. Und genau dort organisierte »Sonke« Fußballspiele. Das »Fair Play« der jungen Kicker ging weniger um begehrte Pokale als um neue Lebensperspektiven. Gemeinsam mit den »Sonke«-Aktivisten, die als frühere Anti-Apartheid-Kämpfer hohes Ansehen genießen, entwickelten Jugendliche und junge Männer eigene Fähigkeiten jenseits des Drogenhandels. Oft waren die Fußballspiele mit ideenreichen Medienworkshops verbunden, dort lernten die Jugendlichen, wie man Videofilme herstellt oder Computer kreativ nutzen kann.

Auch durch andere Sport-, Medien- und Kulturprogramme, beispielsweise eigene Radio- und Musikproduktionen, die bereits vor der WM begannen und nun fortgesetzt werden, sprechen sie Gleichaltrige als Akteure der Veränderung an. Sie definieren ihre eigene Männlichkeit über gegenseitigen Respekt, gewaltfreie Konfliktlösungen und neue Kompetenzen.

»Sonke« steht im Austausch mit anderen Männerorganisationen in Afrika und Lateinamerika, etwa mit »Promundo« in Brasilien, wo die nächste Fußballweltmeisterschaft stattfinden wird und die Gewaltprägung perspektivloser Jugendlicher durch kriminelle Banden ähnlich hoch ist.

Zur Überwindung männlicher Gewaltmuster ist den »Sonke«-Aktivisten ein offener Umgang mit männlicher Sexualität wichtig. Im Unterschied zu zahlreichen AIDS-Projekten, die voreheliche Enthaltsamkeit predigen, zielt »Sonke« auf das Verantwortungsbewusstsein der Jugendlichen ab. So lautet die Aufforderung: Benutzt Kondome, um euch und eure Partnerinnen zu schützen. Schließlich rafft AIDS in Südafrika vor allem junge Menschen dahin. Insbesondere Männer, die sich mit risikoreichen und gewaltsamen Sexualkontakten brüsten, infizieren sich mit dem HI-Virus und verbreiten diesen.

Gemeinsam mit AIDS-, Frauen-, Kinder- und Homosexuellenorganisationen arbeitet »Sonke« daran, männliche Selbstbilder zu ändern, die auf besitzergreifende Sexualität aufbauen. Gemeinsam kämpfen diese Organisationen für Geschlechtergerechtigkeit, Menschenwürde und Menschenrechte im neuen Südafrika. Wie notwendig die Vernetzung unterschiedlicher Organisationen ist, zeigte sich bereits 2006, als der heutige Präsident und frühere ANC-Chef Jacob Zuma in einem fragwürdigen Vergewaltigungsprozess freigesprochen wurde. Zum Vergewaltigungsvorwurf meinte er nur lapidar, er habe wie ein Zulu-Mann gehandelt. Zu denen, die Zuma bejubelten, zählte der Leiter der ANC-Jugendliga Julius Malema. Als Malema Anfang 2009 in einer öffentlichen Rede Vergewaltigte diffamierte und Vergewaltigungen bagatellisierte, zeigte ihn »Sonke« an. In einem Gerichtsprozess, der viele gesellschaftliche Kontroversen über die Hintergründe der hohen

Vergewaltigungsraten zur Folge hatte, wurde Malema schuldig gesprochen. In diesem Fall argumentierte der Richter ähnlich wie »Sonke« mit der neuen geschlechtergerechten Verfassung, die auch als Maßstab für die politische Elite gilt.

Was kann ich selbst tun?

»Sonke« zeigt, wie Männer Courage beweisen können, wenn sie männliche Gewalt öffentlich anprangern – in Alltagssituationen, wenn Frauen belästigt oder Kollegen beiderlei Geschlechts mit sexistischen Anspielungen gemobbt und gedemütigt werden, oder auch in Medienkampagnen. Das Thema bekäme gleich eine ganz andere Wichtigkeit, wenn Götz George oder Til Schweiger kurz vor der »Tagesschau« bekennen würden: »Wahre Männer schlagen nicht.« Oder wenn Bundestrainer Joachim Löw wie ein Löwe »Männer, stoppt die Gewalt« brüllen würde – zusammen mit vielen männlichen Fans.

Sonke: www.genderjustice.org.za
Promundo: www.promundo.org.br
Men Engage: www.menengage.org
Weitere engagierte Männer: http://engagingmen.net/

9 *Global denken und global handeln*

Die ökologische Transformation weltweit kann nur durch globales Denken und globales Handeln erreicht werden. Aber das darf nicht allein den Regierungen überlassen bleiben.
Von Dany Cohn-Bendit

Wer heute etwas tun will, um die Gesellschaft zu verändern, denkt eher daran, ein Solarpaneel auf sein Hausdach montieren zu lassen, als sich in einer sogenannten Dritte-Welt-Gruppe für die Entwicklung Südamerikas zu engagieren. Das war vor nicht allzu langer Zeit noch völlig anders. Wer als Linker etwas auf sich hielt, war natürlich in einer Nicaragua-Unterstützergruppe und engagierte sich beispielsweise beim Aufbau von Schulen im Reich der Sandinistas.

Es gibt gute Gründe, warum das heute nicht mehr so ist. Die Befreiungsbewegungen, mit denen wir uns damals solidarisiert und identifiziert haben, sind mehr oder weniger gescheitert. Die daraus entstandenen Regierungen haben ihre Versprechen auf ein besseres Leben nach gewonnenem Kampf zumeist nicht eingelöst. Die Brille, durch die wir auf die Befreiungsbewegungen geschaut haben, war die Sichtweise des antiimperialistischen Internationalismus, in der Regel die Befreiung vom US-amerikanischen Imperialismus. Das war eine überwiegend ideologische Sicht, die gegen viele Totalitarismen und autoritäre Strukturen in den Befreiungsbewegungen blind war. Diese Form des antiimperialistischen Internationalismus hat in den 1980er Jahren viel an Anziehungskraft verloren, weil ja damals schon deutlich wurde, welche teilweise monströsen Entwicklungen in Kambodscha, Vietnam, Iran, aber auch in Mosambik oder Zimbabwe sich abzeichneten, nachdem die Befreiungsbewegungen staatliche Macht errungen hatten. Das gilt in abgeschwächter Form auch für den antikolonialistischen Kampf in Algerien und anderswo. Die Befreiung vom Kolonialherrn war natürlich richtig und wichtig, aber darauf ist nicht unbedingt ein gesellschaftlicher Fortschritt erfolgt.

Spätestens mit dem Auftreten von fundamentalistischen, religiösen Bewegungen wie al-Qaida als neue Antipoden gegen den US-Imperialismus ist vom klassischen antiimperialistischen Internationalismus nichts mehr übriggebelieben. Während die antikolonialistischen Bewegungen zumindest noch ein Freiheitsversprechen im Programm hatten, sind die fundamentalistischen Bewegungen heute offen totalitär. Der Clash of Civilisation, wie Osama bin Laden ihn definiert, kann natürlich kein Referenzpunkt mehr für eine fortschrittliche internationalistische Bewegung im Westen sein.

Internationalismus hat heute deshalb ganz andere Schwerpunkte:

- Im Mittelpunkt steht der Kampf um die Menschenrechte weltweit.
- Die Ökobewegung als internationalistische Bewegung – der Klimawandel erfordert internationale Zusammenarbeit aller Öko-NGOs.
- Um glaubwürdig gegen den Klimawandel kämpfen zu können, muss man sich für die armen Länder engagieren. Eine gerechte ökonomische Welt ist langfristig die Voraussetzung.
- Deswegen sind Gruppen wie attac und die Sozialforen, die als linke Antwort auf die Weltwirtschaftstreffen in Davos entstanden sind, auch komplementär zur weltweiten Ökobewegung.
- Es geht um Klimaschutz, Regulierung des Welthandels und Nahrungssouveränität für alle.

Obwohl also die klassischen Dritte-Welt-Gruppen, wie es sie vor zwanzig Jahren gab, überall zurückgehen oder gar nicht mehr existieren, ist das doch kein Anzeichen für ein reduziertes internationales Engagement oder internationales Desinteresse. Im Gegenteil, jede Ökogruppe, die erfolgreich sein will, muss heute international denken. Alles, was uns derzeit beschäftigt – die Finanzkrise, die ökonomische Krise insgesamt, die ökologische Krise –, alle diese Krisen setzen zu ihrer Lösung internationale Regulierungen voraus.

Man hat früher gesagt, »global denken, lokal handeln« sei das Erfolgsrezept. Wir stehen jetzt aber vor der Herausforderung, dass man global denken und auch global handeln muss. Man darf das nicht den Regierungen allein überlassen. Dieses globale Intervenieren ist eine offene Baustelle für alle Nicht-Regierungsorganisationen. Das ist die große Herausforderung für uns alle. Es geht deshalb heute nicht mehr darum, Bewegungen irgendwo auf dem Globus darin zu unterstützen, staatliche Macht zu erringen. Es geht um einen weltweiten zivilgesellschaftlichen Ansatz und um die Vernetzung zivilgesellschaftlicher Organisationen. Statt nationaler Befreiungsbewegungen brauchen wir transnationale Netze. In diesem Sinn ist es vielleicht auch möglich, an zivilgesellschaftliche Kontakte, die es ja in den 1980er Jahren beispielsweise in Nicaragua und vielen anderen Ländern bereits gab, wieder anzuknüpfen.

Ein gutes Beispiel, auch wenn es noch keinen unmittelbaren Erfolg hatte, war die Mobilisierung für den Kopenhagener Klimagipfel im Dezember 2009. Das war ein Vorbild, wir dürfen uns nicht davon frustrieren lassen, dass der Gipfel kein Durchbruch war. Aber die erfolgreiche Mobilisierung für Kopenhagen zeigte doch, dass das Bewusstsein für die Notwendigkeit internationalistischer Intervention absolut vorhanden ist.

Es ist erfreulich, dass heute Ersatzhandlungen wie vor 30 Jahren nicht mehr möglich sind. Es gibt keine falschen Identifikationen mehr mit Befreiungsbewegungen; die Selbstlüge, dass die Befreiungsbewegungen der Dritten Welt der Katalysator für einen globalen Freiheitskampf auch in der Ersten Welt wären, ist vorbei. Damit entfällt auch die reduzierte Sicht auf bestimmte Aktionen und Länder. Das klimazerstörende, unbeherrschbare kapitalistische Weltsystem insgesamt ist das Objekt der Auseinandersetzung. Damit entfällt aber auch eine unmittelbare emotionale Identifikation mit einer Bewegung, die früher mobilisiert hat. Du siehst die Fahne nicht mehr, hinter der du herlaufen sollst. Eine erfolgreiche Mobilisierung setzt aber eine positive Vision voraus.

Ich bin davon überzeugt, dass die strahlende Sonne der weltweiten Ökobewegung immer deutlicher diese Funktion übernehmen wird. Die Bewegung, die für dieses Ziel kämpft, wird größer. Es geht um die ökologische Transformation der Welt, die jede Ökogruppe, egal ob sie sich für Sonnenenergie in ihrem Sprengel oder in einer Vorbereitungsgruppe zum nächsten Klimagipfel engagiert, immer im Auge behalten muss. Es ist die ökologische Transformation weltweit, auf die wir hinarbeiten müssen.

10 *Vertrauen ist gut, Genossenschaft ist besser*

Wer statt bei gewinnorientierten Konzernen in partnerschaftlichen Genossenschaften einkauft, wirtschaftet oder Geld anlegt, kann mit ruhigerem Gewissen konsumieren.
Von Konny Gellenbeck

Eigentlich ist die Idee ja ganz simpel: Wenn die Verkäuferin einer Ware gleichzeitig auch Käuferin, also ihre eigene Konsumentin ist, hat sie kein Interesse daran, zugunsten eines größeren Profits mangelhafte Ware anzubieten. Und wenn der Chef eines Unternehmens auch sein eigener Angestellter ist, ergibt die Ausbeutung von Mitarbeitern für ihn keinen Sinn. Wenn die Feldnachbarin gleichzeitig diejenige Bäuerin ist, von der ich mir im Herbst den Mähdrescher ausleihen werde, ist gute Nachbarschaft wichtiger, als die Konkurrentin auszustechen. Und wenn diejenigen, denen die Bank gehört, dort ihr Geld angelegt haben, werden sie wahrscheinlich nachhaltiger wirtschaften. Kurz: Wenn Anbieter und Abnehmer eine wirtschaftliche Einheit bilden, verfolgen sie automatisch das gleiche Ziel: gute Qualität zu einem fairen Preis anzubieten. So lässt sich Strom herstellen oder Honig verkaufen, Geld verwalten, ein Haus bauen oder die Unabhängigkeit einer Tageszeitung sichern.

Was sich anhört wie ein paradiesischer Zustand, wird in Genossenschaften seit mehr als hundert Jahren täglich umgesetzt und hat eine Tradition, die letztlich bis zu den Zünften und Gilden des Mittelalters zurückreicht. In der Ära der Industrialisierung wurde die Idee der genossenschaftlichen Selbsthilfe in Deutschland von zwei Männern nahezu zeitgleich, aber völlig unabhängig voneinander noch einmal erfunden: Ferdinand Wilhelm Raiffeisen gründete nach einer Hungersnot in Neuwied einen Hilfsverein, in dem die Bauern Geld ansparten und es sich gegenseitig leihen konnten. In Potsdam organisierte Hermann Schulze-Delitzsch zunächst für die Schuhmacher der Region einen Vorschuss- und Kreditverein. Das ist nun mehr als 150 Jahre her, aber wer heute sein Konto bei der »Volksbank Berlin eG« oder einer anderen Volks- und Raiffeisenbank führt, kann dort immer noch Genossenschaftsanteile an »seiner« Bank erwerben.

Letztlich bieten alle Genossenschaften etwas an, das mit Geld gar nicht zu bezahlen ist: Vertrauen. Das alte Prinzip von Ferdinand Raiffeisen »Einer für alle, alle für einen«, das heute vielleicht ein wenig angestaubt klingt, ist noch so aktuell wie zu jenen Zeiten, als die Konsumgenossenschaften sicherstellten, dass dem teuren Mehl kein billiger Gips beigemischt wurde und die Händler mit geeichten Waagen rechneten. Denn was früher als Wucher oder Panscherei bezeichnet wurde, versteckt sich heute in Begriffen wie »Analogkäse« oder »Klebeschinken«. Mit der Ökologie- und Alternativbewegung hat die Genossenschaftsidee deshalb gerade eine zweite Renaissance erlebt. Die Stichworte von heute heißen »Transparenz«, »Nachhaltigkeit« und »Partizipation«. Denn in fast allen Bereichen des täglichen Lebens müssen wir uns fragen: Wem nützt der billige Preis? Wer garantiert mir das schadstofffreie Essen? Was passiert mit meinem Geld? Wie gehe ich einen Schritt nach vorne, ohne meinen Kindern die Zukunft zu verbauen?

Zu den bekanntesten Genossenschaften von heute gehören der alternative Stromversorger »greenpeace energy« oder die konzernfreie Tageszeitung *taz*. In einer Zeit, in der mehr als 85 Prozent der Stromherstellung in der Hand von vier börsennotierten Unternehmen und der Zeitungsmarkt in einem anhaltenden Konzentrationsprozess begriffen ist, entscheiden sich immer mehr Konsumenten nicht nur für sauberen Strom oder eine unabhängige Tageszeitung, sondern auch für ein genossenschaftliches Engagement bei »ihrem« Stromanbieter oder in »ihrer« Zeitung. Denn als Mitglied einer Genossenschaft erhält man nicht nur den Strom oder die Zeitung, sondern auch jederzeit Einblick in die Unternehmensentscheidungen. Die Instrumente der Mitbestimmung sind im Genossenschaftsrecht (GenG) genau geregelt, der erwirtschaftete Gewinn wird an alle Genossen und Genossinnen ausgezahlt oder – was nicht selten im Sinne der Mitglieder ist – in den Geschäftszweck der Genossenschaft reinvestiert. Neben den großen Namen machen aber auch die vielen kleinen, oft regional aufgestellten Konsum-, Bau- oder Produktivgenossenschaften den Erfolg der neuen Geno-Bewegung aus. Häuslebauer schließen sich in Baugenossenschaften zusammen, Tüftler und Ingenieure entwickeln in Produktivgenossenschaften gemeinsam alternative Innovationen. Von der ökologischen Erzeuger- und Verbrauchergemeinschaft bis zur GLS Bank, vom sauberen Strom zur konzernfreien Zeitung, von der Ideenwerkstatt bis zur Handelskette ist die Genossenschaftsidee vielfach sinnvoll.

Was kann ich selbst tun?

Wer die Idee der Genossenschaft gut findet, muss ja nicht unbedingt selbst in eine eintreten oder gar eine gründen. Obwohl das seit einer grundlegenden Reform des Genossenschaftsrechts gar nicht mehr so schwer ist und in vielen Bereichen des Lebens und vor allem für Start-ups eine ausgesprochen produktive Vorgehensweise sein kann. Aber das Engagement geht ja schon damit los, einmal genauer hinzusehen, wo in der eigenen Umgebung überall Genossenschaften ihre Waren oder Dienstleistungen anbieten. In der Regel lassen sich diese Unternehmen am eG (für »eingetragene Genossenschaft«) hinter dem Namen leicht erkennen. Und daran, dass sie meist gerne über ihre Besitzverhältnisse Auskunft geben.

www.genossenschaftsgruendung.de
www.zdk-hamburg.de/
www.greenpeace-energy.de/
www.taz.de/Genossenschaft

11 *Viele Zwerge vertreiben den Riesen*

Früher haben Städte und Gemeinden ihre Infrastruktur an Großkonzerne verscherbelt, heute kaufen sie sie zurück. Der Trend zur Rekommunalisierung entwickelt sich nicht zuletzt auch dank des Drucks engagierter Bürger.
Von Annette Jensen

In dem Rummel um »Stuttgart 21« ist untergegangen, dass aufmüpfige Bürger dort im Sommer 2010 einen ganz anderen wichtigen Sieg errungen haben: die Rekommunalisierung der Wasserversorgung. Ein Exempel für einen bundesweit zu beobachtenden Trend, der sich beispielhaft an der Person von Werner Weber festmachen lässt. Früher wäre es dem braven Ingenieur nie in den Sinn gekommen, Flugblätter zu schreiben oder eine Demo anzumelden – bis ihm bewusst wurde, was der Stuttgarter Gemeinderat Anfang 2002 beschlossen hatte: die Privatisierung der Stadtwerke durch den Verkauf ihrer Aktien an den Energieriesen EnBW. »Das war eine Dreistigkeit von den Politikern, zu denken, dass sie das Recht dazu hätten«, empört er sich noch heute. Vor allem der Verkauf der Trinkwasserversorgung brachte ihn in Rage. Schließlich hatten die Bürger Stuttgarts und Baden-Württembergs seit hundert Jahren mit ihrem Geld eine Wasserversorgung aufgebaut. Über zwei Fernleitungen fließt Wasser aus dem Bodensee und dem Donauried – eine bautechnische Meisterleistung. Und jetzt tat der Konzern so, als sei dies seine Leistung. Eine fatale Vorbildfunktion auch für Drittweltstaaten, fürchtete Werner Weber.

Schätzungsweise 160 Millionen Euro ist die Stuttgarter Wasserinfrastruktur wert – doch verkauft wurde sie spottbillig. Auch die gesamte Strom-, Gas- und Fernwärmeversorgung sowie mehrere Kraftwerke gingen an EnBW. Wie die einzelnen Sparten finanziell bewertet wurden, ist geheim. Der Verkauf durch die Stadtverwaltung sei zwar legal, aber nicht legitim gewesen, findet Weber: »Schließlich waren die Politiker nicht für ein solches Vorgehen gewählt worden.«

Werner Weber trat 2003 in das kurz vorher gegründete »Stuttgarter Wasserforum« ein und begann, sich intensiv mit dem Ausverkauf seiner Stadt zu beschäftigen. Hinter vorgehaltener Hand gestanden ihm Politiker unterschiedlicher Couleur ein, dass sie nicht verstanden hatten, für was sie da alles so votiert hatten. Nach einem erfolgreichen Bürgerbegehren mit über 25 000 Unterschriften war es am 17. Juni 2010 dann so weit: Die Mehrheit der Gemeinderäte stimmte dafür, die Wasserversorgung nach Auslaufen der Konzession Ende 2013 wieder in die öffentliche Hand zu nehmen. Außerdem beauftragten sie Gutachter, Vorschläge für die Neugründung von Stadtwerken vorzulegen.

Wie viel der Ausflug in die Privatisierung Stuttgart und seine Bürger schließlich gekostet haben wird, ist noch unklar. Nach den Erfahrungen in Berlin ist zu vermuten: sehr viel. Auch dort hatten 280 000 Bürger verlangt, die Verträge mit Großkonzernen über die Teilprivatisierung offenzulegen; die *taz* hatte die ihr zugespielten Dokumente kurz danach ins Internet gestellt. Allein fürs Wasser zahlen die Berliner aufgrund der fatalen Vertragsgestaltung über 80 Millionen Euro im Jahr zuviel. Auch dort ist jetzt die Gründung von Stadtwerken im Gespräch.

»Das Thema Rekommunalisierung steht heute in vielen Gemeinden ganz oben auf der Agenda«, sagt Jens Libbe vom Deutschen Institut für Urbanistik. Bis Ende 2012 laufen bundesweit etwa 2 000 Konzessionsverträge für Gas und Strom aus. Diese Kontrakte erlauben einem Unternehmen, Leitungen in einer Gemeinde zu errichten und zu betreiben; in der Regel werden sie für zwanzig Jahre abgeschlossen. Schon hundert Kommunen haben die Konzessionen wieder an ihre Stadtwerke vergeben. In etwa einem Dutzend Gemeinden stehen Neugründungen an, in 35 weiteren gibt es entsprechende Planungen, wie der Verband kommunaler Unternehmen auflistet.

Früher wurden Stadtwerke oft als Entsorgungsstation für ausrangierte Politiker benutzt. Entsprechend galt es Ende des letzten Jahrhunderts als gnadenlos unmodern, für eine öffentliche Versorgung mit Wasser, Strom und Gas einzutreten. Oft hieß es, Privatfirmen könnten das alles besser und seien effizienter. Außerdem wollten viele Bürgermeister durch den Einstieg von Privaten bei ihren Versorgungsunternehmen die leere Gemeindekasse füllen. Die auf EU-Ebene beschlossene Liberalisierung des Strom- und Gasmarktes trieb die Entwicklung weiter voran. Für die vier großen Stromkonzerne in Deutschland wurde der Strukturwandel zum Festschmaus. Der Hamburger Senat warf die HEW nach und nach dem schwedischen

Konzern Vattenfall zum Fraß vor und verlor dabei auch das Stromnetz. In Düsseldorf bekam wie in Stuttgart EnBW den Zuschlag. Schnell merkten viele Bürger, dass bei einem kommerziellen Betreiber die Preise steigen. Zugleich mussten die Abgeordneten einsehen, dass sie bei vielen Versorgungsfragen nun keinen Einblick mehr, geschweige denn Einfluss hatten.

Außerdem führen etwa die Münchner oder Bochumer Stadtwerke vor, dass auch Unternehmen, die zu hundert Prozent der öffentlichen Hand gehören, sehr effektiv arbeiten können. Sie verdienen Millionen, was die Kämmerer erfreut. Das Geld bleibt in der Stadt und in der örtlichen Wirtschaft, während es bei RWE, Eon, EnBW oder Vattenfall in die Konzernzentrale abfließt. Viele Bürger verteidigen deshalb ihre Stadtwerke: In Leipzig und Quedlinburg etwa verhinderten Volksentscheide einen Verkauf. Andere Bürgerinitiativen betrieben aktiv die Rekommunalisierung.

»Auslaufende Konzessionen eröffnen Entwicklungspotentiale für Kommunen«, bilanziert Roger Hische, Bürgermeister im niedersächsischen Städtchen Springe. Dort zahlen die Einwohner heute etwa 900 000 Euro weniger für Gas und Strom als früher, und ein Blockheizkraftwerk und eine Photovoltaikanlage sorgen für eine weitgehend dezentrale Versorgung. Auch andere Stadtwerke investieren eifrig in Erneuerbare: 6,5 Milliarden Euro geben sie dafür zur Zeit aus. Das bürgerschaftliche Engagement für Rekommunalisierung zahlt sich also aus – ökonomisch und ökologisch.

www.wasser-in-buergerhand.de

12 Geld oder leben?

Es gibt einen Ausweg aus der Abhängigkeit von unkontrollierbaren globalen Finanzströmen: Regiogeld.
Von Mathias Bröckers

Um der »Großen Depression« nach dem Börsen- und Finanzcrash 1929 zu entkommen, schlug einer der führenden Ökonomen der USA, Professor Irving Fisher von der Yale-Universität, das Konzept einer komplementären Währung vor, die er »Stamp Scrip« nannte und den finanziell daniederliegenden Kommunen und Landkreisen zur Einführung empfahl. Ein solcher »Stamp«-Geldschein im Wert von einem Dollar verlor kontinuierlich an Wert, außer man ließ ihn regelmäßig gegen eine Gebühr von zwei Cent bei der Gemeinde abstempeln.

Verschiedene Experimente hatten gezeigt, dass mit einer solchen Umlaufgebühr eine starke Beschleunigung der Geldzirkulation und damit ein phantastisches Investitionsklima geschaffen werden kann, weil niemand dieses »rostende« Geld behalten will und jede nicht benötigte Einnahme sofort reinvestiert wird. »Erstens: Stamp Scrip ist wie Geld, es kann investiert oder ausgegeben werden. Zweitens: Stamp Scrip ist nicht wie Geld, es kann nicht gehortet werden«, hieß es in Fishers Schrift zum Thema im August 1932, auf die hin über 500 Gemeinden in den Vereinigten Staaten Interesse bekundeten, eine solche Regionalwährung einzuführen. Es kam dann zu zwei Anhörungen im US-Senat über diese ökonomische Innovation und zu einem Anruf des Finanzministeriums bei Professor Fisher: Das Konzept sei eindeutig vielversprechend, aber gerade deshalb nicht umsetzbar, denn ein Erfolg der »Scrips« müsste zu einer Reform des amerikanischen Geldwesens führen. Und so etwas sei leider nicht zu verantworten.

Zur selben Zeit hatte die Gemeinde Wörgl in Österreich schon hervorragende Erfolge mit der Einführung ihres »Freigelds« erzielt, das wie Fishers Konzept auf die Ideen des Unternehmers und Geldtheoretikers Silvio Gesell zurückging. Doch Ende 1933 wurde der Gemeinde Wörgl aus Wien mit dem Einsatz der Armee gedroht, wenn das Experiment nicht umgehend beendet würde – wie die Federal Reserve Bank in den USA ließ auch die Österreichische Nationalbank an ihrem Geldmonopol nicht rütteln.

Nachdem wir 80 Jahre später das Déjà-vu einer Finanzkrise erleben, scheint es einmal mehr an der Zeit, die Frage nach dem Geld und dem etablierten Monopol der Staaten (beziehungsweise wie im Falle der »Federal Reserve« einiger Privatbanken) zur Geldproduktion zu stellen. Wenn Geldströme global und außer Kontrolle um die Welt fließen, warum diesem globalen Geld nicht ein lokales, regionales Geld entgegenstellen? Warum nicht eine regionale Komplementärwährung schaffen, die den großen Vorteil hat, dass sie die Wirtschaftskreisläufe in der Region fördert und nicht an die »großen Finanzplätze« abfließt?

Sie heißen »Chiemgauer«, »Havelblüte«, »Rheingold« oder »Urstromtaler« – vom Süden bis zum Norden der Republik sind mehr als 30 regionale Komplementärwährungen im Umlauf. Ihnen allen ist das Prinzip gemeinsam, dass dieses Geld als reines Medium des Tauschs fungiert und nicht mit Gewinn gehortet werden kann. Mit dem »Chiemgauer« – entstanden aus der Idee von Waldorf-Schülern, eine Währung für ihren Pausenkiosk zu schaffen – kann man in den Landkreisen Rosenheim und Traunstein in mittlerweile über 600 Geschäften bezahlen, nicht nur in bar, sondern auch mit der Regiogeld-Karte. Diese funktioniert wie eine EC-Karte, den Umtausch von Euros in Chiemgauer (im Verhältnis 1:1) übernehmen die Raiffeisenbanken. Die getauschten Chiemgauer sind zwei Monate gültig und können bei den Ausgabestellen für zwei Prozent des Nominalwerts auf maximal fünf Monate verlängert werden. Aufgrund dieses eingebauten »Schwunds« tauschen die Nutzenden in der Regel nur so viel um, wie sie in den nächsten zwei Monaten verbrauchen. Chiemgauer verschwinden nicht in Tresoren und Sparschweinen. Studien haben gezeigt, dass sie viermal so schnell umlaufen wie der Euro. Solcherart locker sitzendes Zahlungsmittel freut nicht nur jeden Volkswirt, denn nichts kurbelt die Wirtschaft besser an als zahlungswillige Kunden, es freut auch die Regionalentwickler, Bäuerinnen und Bürgermeister, denn die Währung kommt nicht Großdiscountern und Weltkonzernen zugute, sondern den kleinen und mittelständischen Betrieben der Region.

Jenseits des seit Jahrhunderten geführten wissenschaftlichen Streits über Fluch oder Segen von Zins und Zinseszins kommen Regio-Währungen wie der »Chiemgauer« nicht mit groß-revolutionärem Anspruch daher, sondern verstehen sich bewusst als paralleles Zahlungsmittel, nicht als »Ersatz« für den Euro, sondern als komplementäre Alternative. Überregionaler Zahlungsverkehr ist in heutigen Zeiten unvermeidlich, doch ebenso wichtig ist die nachhaltige Stärkung und Entwicklung lokaler und regionaler Infrastruktur – und in dieser Hinsicht ist eine Regionalwährung den Euros oder Dollars klar überlegen.

Offiziell ist das Staatsmonopol auf Geld damit nicht gebrochen, denn die Regionalwährungen gelten rechtlich nicht als Geld, sondern als Gutscheine; unter der Hand aber haben die erfolgreichen Experimente in den letzten Jahren bewiesen, dass es einen Ausweg aus der Abhängigkeit von globalen Finanzströmen gibt: Regiogeld. Der gute alte Appell an jede Form abgehobener Politik – »Die Kirche im Dorf lassen!« – kann für das von der Realwirtschaft mittlerweile völlig abgehobene Finanz- und Geldwesen neu formuliert werden: Wenn wir dem Chaos der Finanzkrisen in Zukunft Herr werden wollen, müssen wir das Geld im Dorf lassen.

www.regiogeld.de
Buchtipp: Margrit Kennedy, Bernard A. Lietaer:
Regionalwährungen, München 2004

13 *Geben und Nehmen außerhalb der Eurozone*

Profitstreben macht den Handel zur Kampfhandlung und verdirbt seinen Spielcharakter. Tauschringe wie der im Märkischen Land versuchen, das zu ändern.
Von Imma-Luise Harms

Einen Walnuss-Steckling gegen einen Topf Sülze. Einen Nachmittag Keller entrümpeln gegen einen Abend Babysitten. Der Tausch ist die Keimzelle gesellschaftlichen Handelns. Gibst du mir, geb' ich dir, haben wir beide mehr!

Überschuss macht Tausch *möglich*, Mangel macht ihn *nötig*. Der indirekte, kreisförmige Tausch erweitert die Wahlmöglichkeiten, aber er macht das Äquivalent Geld erforderlich und lädt dadurch zur Spekulation mit Überschuss und Mangel ein. Das Profitstreben macht den Handel zu einer Kampfhandlung und verdirbt dadurch seinen Spielcharakter. Das soll nicht sein, und das muss auch nicht sein.

Der märkische Tauschring entstand aus einem Wochenendseminar über Schrumpfgeldtheorien, wonach gehortetes Geld nicht verzinst, sondern besteuert werden sollte, weil das die Warenkreisläufe erheblich besser in Schwung bringt. Die TeilnehmerInnen waren so überzeugt, dass sie gleich am letzten Seminartag zur Praxis schritten und ein Tauschsystem für den Bereich Märkische Schweiz gründeten, das auf einer fiktiven Kontenwährung basiert: dem Klostertaler. Das war vor sieben Jahren. Seitdem finden jährlich vier bis sechs Markttage statt, an denen die TeilnehmerInnen mit ihren größtenteils selbstgefertigten Produkten zusammenkommen, um zu tauschen. Aus einem gemeinsam unterhaltenen »öffentlichen Konto« werden die Räume, Verwaltungskosten oder andere gemeinsame Ausgaben bezahlt, soweit sie in der Tauschwährung beglichen werden können.

In den ersten Jahren handelten die TeilnehmerInnen mit ihrem Kontenblatt in der Hand. In doppelter Rolle betreute und bewarb man seinen eigenen Stand und besuchte die Stände der anderen TeilnehmerInnen. Plus und Minus für eine Ware oder eine Dienstleistung quittierte man sich gegenseitig mit Unterschrift. Das etwas schwerfällige Verfahren wurde vor zwei Jahren durch eine temporäre Cash-Währung ersetzt, die wie bei einer Spielbank zu Beginn des Marktes ausgegeben und am Schluss wieder eingezogen wird. Nun wird das Stück Kuchen, das Glas Honig oder der Topflappen mit Chips »bezahlt«, und nur zwischen den Märkten ist das Kontenblatt der Aufbewahrungsort für Schulden und Guthaben.

Tauschmärkte und selbsterfundene Regionalwährungen sind spontane Organisationsformen in Zeiten der Not. Berühmt ist der Schwundgeld-Kreislauf der Tiroler Gemeinde Wörgl aus den 30er Jahren des vergangenen Jahrhunderts, dessen beispiellosem Erfolg die österreichische Regierung ein Ende setzte (siehe auch Kapitel 12).

2002, in der Zeit der großen wirtschaftlichen Depression in Argentinien, entstanden dort innerhalb kürzester Zeit landesweit tausende von Tauschringen – und brachen nach kurzer Blüte in sich zusammen, als es wieder Geld gab, das gegenüber der Tauschware offenbar doch am längeren Hebel sitzt. Ein anderes Problem: Große Tauschringe leiden unter der relativen Anonymität ihrer Mitglieder – und müssen viel Verwaltungsaufwand betreiben, um das nicht so schnell nachwachsende Vertrauen durch Kontrollmechanismen zu ersetzen. Kleine Tauschringe leiden unter dem eingeschränkten Tauschangebot.

Im tiefsten Oderbruch liegt die Dorfgaststätte SOS, eine Art Szene-Wohnzimmer der Region. Seit zwei Jahren trifft sich dort an jedem ersten Sonntag im Monat die »Rübel-Union«. Der kleine Kreis folgt der Devise: Selbstverantwortung statt Verwaltung. Er unterfliegt den Radarschirm jeder bürokratischen Erfassung. Es gibt weder einen Verein noch Verantwortliche, weder ein gemeinsames Konto noch Adresse oder Homepage. Die Buchführung besteht aus einer Excel-Tabelle, die meist nicht stimmt, was aber niemanden sonderlich beunruhigt. Eines der Mitglieder gibt außer seinen Käseprodukten auch die in einer Blechkiste verwahrten Chips (»Rübel«) aus, die während der nächsten drei Stunden die Runde machen und den Besitzwechsel von Schinken, Schnäpschen oder Schokotorte organisieren.

Die meisten Mitglieder gehören zur Oderbruch-Bohème und kennen sich schon lange. Und die meisten haben einen kleinen Landwirtschaftsbetrieb oder wenigstens einen großen Garten. Die Produkte ähneln sich. Wenn also die Tomaten reif sind, haben mindestens drei Rübel-Union-Mitglieder Tomatensoße in ihrem Angebot. Im September Zucchini, im April Salat. Aber *was* für einen Salat? *Welche* Tomatensorten? Wie ist die Soße abgewürzt? Der Markt wird zu einer Leistungsschau mit Tipps unter ExpertInnen. Die Marmeladen werden geprüft und die Chutneys ausgetauscht.

Neuerdings gibt es auch jahrmarktstypische Mini-Dienstleistungen wie Messer und Sägeketten schleifen oder Haare schneiden. Dem Haarkünstler bei der Arbeit zuzusehen, ihn anzufeuern und den Beschnittenen Mut zuzusprechen, erhöht den Unterhaltungswert der Treffen. Dadurch, dass auch die Wirtin Rübel-Union-Mitglied ist und sowohl Lebensmittel aufkauft als auch ihre Speisen und Getränke für »Rübel« verkauft, ist der Übergang zwischen Markt und Stammtisch fließend. Zum Schluss schert es einen wenig, dass man für den mitgebrachten Rotkohl vielleicht nur einen Weißkohl mit nach Hause nimmt und den Gegenwert für das Schereschleifen in Bier umgesetzt hat.

Je informeller die Tauschmärkte organisiert sind, desto schwieriger ist es, Waren und Dienstleistungen über die Tauschmarkt-

Grenzen hinweg handelbar zu machen. Es gab Versuche, Stadt- und Landtauschringe zusammenzubringen. Das würde die Versorgungsmöglichkeiten außerhalb der Eurozone erheblich erweitern. Aber für den Handelstransit braucht es ein öffentliches Konto zum Gegenrechnen, die Buchführung muss stimmen, die Kontrollsysteme müssen stehen. Und da hört dann der Spaß auf.

www.tauschwiki.de/wiki/Hauptseite

14 *Bank wechsle dich*

Banken sind böse, meinen viele Linke. Doch es gibt auch ein Geldinstitut, das ökologische Betriebe finanziert: zum Beispiel eine Mosterei im Oderbruch. Sein Geld so arbeiten zu lassen, macht Spaß.
Von Michael Sontheimer

Gleich hinter der Glastür am Eingang plätschert ein kleiner künstlicher Bach. Er ist von einer Holzbank eingerahmt, auf der Kunden sich niederlassen können, wenn sie warten müssen. Zwei Zeitungen liegen auf einem Tisch: *FAZ* und *taz*. Durch das Fenster leuchtet grün wie ein Aquarium das gläserne Gebäude der Heinrich-Böll-Stiftung. Die Schumannstraße im Berliner Regierungsviertel, in der die GLS Bank residiert, ist keine schlechte Adresse.

GLS, das hat mir meine Schwester erklärt, steht für »Gemeinschaftsbank für Leihen und Schenken«. Statt Werbeplakaten mit zackigen, stets nach oben weisenden Kurven, mit dynamischen jungen Menschen oder glücklichen Familien hängen Acrylbilder an den Wänden; sie sind sehr bunt und haben Titel wie »Sonnenrad«, »Bienenkönigin« oder »Marienkäfer«. Die Kugelschreiber in meiner neuen Bank sind aus Holz. Das ist gewöhnungsbedürftig. Es ist überhaupt sehr gewöhnungsbedürftig, eine neue Bank zu haben. Eine neue Bank ist wie eine neue Wohnung. Oder wie ein neues Fahrrad. Oder eine neue Zeitung.

»Banken sind böse«, ist ein linker Glaubenssatz, sie sind die Tempel des Kapitalismus. »Was ist der Einbruch in eine Bank gegen die Gründung einer Bank?«, ließ Bertolt Brecht in der *Dreigroschenoper* den Räuber Mackie Messer fragen. Gleichzeitig wäre das Leben ohne Bank absurd unpraktisch.

Mehr als 25 Jahre war ich Kunde bei der Dresdner Bank, wobei ich nur deshalb bei ihr gelandet war, weil sie eine Filiale unweit des Hamburger Pressehauses hatte, in dem ich arbeitete. In der Filiale arbeitete ein Mann namens Burckhardt. Er rauchte unentwegt hinter seinem Tresen und war sehr sympathisch. Meine Erfahrungen mit seiner Kollegin Schmidt schufen bei mir weniger Sympathie. Als mir die Vermögensberaterin Schmidt riet, doch mein Erspartes in US-Rentenfonds auf Dollarbasis anzulegen, fragte ich sie, ob der Wert der Anteile vom Dollarkurs abhängig sei. Sie sagte: »Nein, überhaupt nicht.« Als ich meine Anteile ein paar Jahre später wieder verkaufte und – nachdem der Dollar kräftig abgestürzt war – weniger herausbekam, als ich bezahlt hatte, erinnerte ich Frau Schmidt an ihre Auskunft. Sie sagte nur: »Aber wenn man nicht in den Dollar vertrauen kann, worin kann man denn dann überhaupt noch vertrauen?«

Erst nach etlichen Jahren lernte ich, dass die Dresdner Bank bei Arisierungen in den Nazi-Jahren besonders aktiv gewesen war. In einem Bericht über die Enteignungen in Schlesien nach dem Überfall der Wehrmacht auf Polen 1939 fand sich der Spruch: »Wer marschiert neben dem ersten Tank? Das ist Dr. Rasche von der Dresdner Bank.« Der Vorstandssprecher war ein deutscher Räuber, der sich bei der Germanisierung jüdischen und fremdvölkischen Vermögens besonders hervortat.

Meine Mutter – eine Attac-Aktivistin – setzte mir durch regelmäßige Nachfragen zu: Ob ich noch immer bei einer dieser Verbrecherbanken wäre, die uns die Finanzkrise beschert hätten. Sie war, ethisch korrekt, – ebenso wie meine Schwester – schon länger Kundin bei der GLS Bank. Als dann die Dresdener Bank von der Commerzbank gekauft und liquidiert wurde, ihr Grün durch Gelb – die Farbe des Neides, der FDP und anderer unguter Erscheinungen – ersetzt wurde, raffte ich mich endlich auf. Der Wechsel bei der Stromversorgung von Vattenfall zu Greenpeace Energy hatte sich als wesentlich einfacher erwiesen als befürchtet. Warum also nicht auch die Bank wechseln?

In der GLS Bank empfängt mich eine freundliche Dame, die stark an die SPD-Politikerin Anke Fuchs erinnert. »Das Geld soll für die Menschen dasein«, sagt sie. Und sie erklärt mir, dass die GLS Bank vorzugsweise Kredite an ökologisch orientierte Projekte und Firmen vergebe. Das kann ich aus eigener Erfahrung bestätigen. Ein Architekt, der im Oderbruch eine Mosterei und Schnapsbrennerei gegründet hatte, erzählte mir einmal, dass er sich lange vergeblich um einen Kredit für den Kauf einer Saftpresse bemüht habe. Keine Bank wollte ihm etwas leihen, bis einer von der GLS Bank vorbeigekommen sei. Dem habe sein Projekt sofort gut gefallen und er habe das Darlehen bewilligt. Jetzt presst der Mann im Oderbruch unseren Quittensaft und destilliert edlen Schnaps.

Die GLS-Vermögensberaterin klärt mich darüber auf, dass die 1974 gegründete Bank inzwischen an die 9 000 zukunftsweisende Projekte im ganzen Land finanziere. Zum Aufwand des Bankwechsels sagt sie: »Die Lastschriften zu ändern, das kostet am meisten Zeit. Da müssen Sie sich schon mal zwei Stunden hinsetzen.« Nachdem sie anderthalb Stunden Formulare ausgefüllt hat, ich ein gutes Dutzend Unterschriften geleistet habe, sind fünf Konten eröffnet, für die ganze Familie, und vier EC- und Kreditkarten beantragt. Ab sofort lässt sich mit den Konten via Internet operieren.

Die GLS Bank, so erfahre ich auch, kann sich seit der Finanzkrise kaum mehr vor neuen Kunden retten. Mehr und mehr Zeitgenossen halten es offenbar für sinnvoller, Saftpressen im Oderbruch zu finanzieren als spekulative Geschäfte mit Zertifikaten, Derivaten oder Junk Bonds. Als der Ansturm einsetzte, dauerte die Eröffnung eines Kontos sechs bis acht Wochen. Heute geht es an einem Tag. Dafür arbeiten in der Berliner Filiale der GLS Bank nicht mehr fünf, sondern zehn Angestellte. Im Hauptsitz in Bochum sei unter dem Vorstand »eine neue Ebene eingezogen« worden, sagt die Vermögensberaterin. Es habe eine »Professionalisierung in allen Bereichen« gegeben. Als sie noch erzählt, dass sie früher für die Dresdner Bank gearbeitet habe, bin ich endgültig beruhigt.

www.gls.de

15 *Vom Warmduschen und Geld anlegen*

Von kinderleicht bis ganz schön riskant – ein kleiner Wegweiser zu ökologischen und ethisch korrekten Investments.
Von Hermann-Josef Tenhagen

Nehmen Sie sich einen Zettel und schreiben Sie oben hin: Auch als verantwortlicher Geldanleger bin ich Anleger, das heißt, ich entscheide zuerst, wie viel Sicherheit ich will, wie viel Rendite und wann ich über das angelegte Geld wieder verfügen will. Zweitens gilt auch bei der verantwortlichen Geldanlage eine wichtige Grundregel: Nur der Verzicht auf große Fehler sichert den langfristigen Erfolg. Und als dritten Punkt notieren Sie: Die

Anlage mit der besten Rendite ist meist, erst mal seine Schulden abzubezahlen. Diese Rendite ist auch ethisch korrekt.

Jenseits dieser Grundregeln können Sie als Anlegerinnen und Anleger inzwischen auf viele Arten ökologisch und ethisch anlegen.

Leicht haben es Hausbesitzer. Sie können ihr Geld sinnvoll in eine Solaranlage investieren. Treibt die Solaranlage die Heizung an und produziert sie warmes Wasser, wenn die Sonne scheint, bekommt der Hausbesitzer zuerst das investierte Geld in Raten wieder zurück, weil er Energiekosten spart. Anschließend erzielt er oder sie eine nette Rendite, weil die Anlage bezahlt ist und die Energiekosten trotzdem niedriger bleiben als ohne Solarheizung. Die besten Anlagen haben die Kollegen von *test* 2009 getestet (siehe den Link unten). Und deren Rendite liegt mit der dazugehörenden Förderung schnell über Sparbuchniveau.

Wem das Warmduschen mit gutem Gewissen zu langweilig ist, der kann sich auch eine Photovoltaikanlage aufs Dach setzen. Damit wird der Häuslebesitzer zum Stromunternehmer. Als Stromunternehmer profitiert er oder sie vom Energieeinspeisegesetz und von Steuerregeln für Unternehmer. Das haben selbst stockkonservative Landwirte erkannt, die als konventionelle Bauern heute lieber eine Solaranlage aufs Dach setzen als einen neuen Trecker zu kaufen.

Wer kein Häuschen mit Süddach hat, dem bieten Banken und Fondsgesellschaften einfache Möglichkeiten für ökologisches und ethisches Investment. Ein knappes Dutzend Geldinstitute von GLS und Umweltbank bis zu kirchlichen Instituten tummelt sich inzwischen auf dem Markt. Sie bieten alle klassischen Bankprodukte, ohne überragende Zinsen, aber mit der Sicherheit, dass das Geld nicht in Atomstrom, Rüstungskonzerne, Bergbau oder die Automobilindustrie investiert wird. Manche legen sogar detailliert offen, wohin jeder Euro der Kundengelder geht. Sicher ist das Geld bei den Instituten auch, es gilt die gesetzliche Einlagensicherung. Außerdem gehören viele der Geldhäuser zum Verbund der Genossenschaftsbanken, die sich gegenseitig aus etwaigem Schlamassel helfen.

Wem diese Zinsen zu niedrig sind oder wer Risiko und Arbeit nicht scheut, der kann mittlerweile aus hunderten von Aktien und Fonds sein ethisches Investment auswählen. Bitte dann mit dickem Filzer auf Ihren Zettel schreiben: Mehr Rendite führt immer auch zu mehr Risiko. Und zu mehr Informationsbedarf. Schließlich ist der Kauf einer Aktie die Beteiligung an einer Firma, mit der ich mich vorher befassen sollte. Der Erwerb eines Fondsanteils macht gleich zum Mitinhaber mehrerer Dutzend Unternehmen.

Wer sich nicht selbst durch Prospekte und Geschäftsberichte fräsen will, dem bietet *Finanztest* unter dem Label »ethisch-ökologische Fonds« jeden Monat einen Überblick mit 100 Fonds und deren Erfolg als Geldanlage. In regelmäßigen Abständen, zuletzt im Maiheft 2010, analysiert *Finanztest* zudem, welche Anlagepolitik die einzelnen Fonds verfolgen (siehe den Link unten). Im Ratgeber *Grüne Geldanlage* wird unter der Überschrift »Komplett sauber anlegen« ein grünes und ein ethisches Depot mit je sechs bis sieben Fonds wie dem Kepler Ethik Rentenfonds oder Green Effects NAI vorgestellt.

Noch ein wenig mehr Arbeit – für manche aber auch mehr Spaß – macht es, selbst aus verschiedenen Aktien ein Ökodepot zusammenzustellen. Grundsätzlich sollten dabei Anteile an wenigstens fünf unterschiedlichen Unternehmen gekauft werden. Das verringert das Verlustrisiko, wenn es einer Firma mal schlecht geht.

Wer sich selbst die komplizierte Suche nach wirklichen Öko-Vorreiterfirmen ersparen will, nimmt einfach die 30 Konzerne der Firmenlisten des Natur-Aktien-Index NAI als Grundlage und mischt Anteile an amerikanischen Bio-Lebensmittelfirmen etwa mit deutschen Dämmstoffherstellern und japanischen Eisenbahnkonzernen. Die Hoffnung dabei: Wenn es bei den Bio-Lebensmitteln klemmt, boomt vielleicht der Eisenbahnkonzern.

Eine Warnung kann ich mir nicht verkneifen: Nur für Profis und besonders Risikobereite sind die in Postwurfsendung, von agilen Verkäufern oder gar am Bahnautomaten empfohlenen Öko-Investments in geschlossenen Fonds geeignet. Hier sollte auf dem Zettel in dicken Buchstaben stehen: grauer Kapitalmarkt – Totalverlustrisiko! Genau wie beim eigenen Photovoltaikdach wird man Mitunternehmer, meist mit beträchtlichen Summen. Aber anders als beim eigenen Dach überlässt man jemand anderem die Geschäftsführung. In der jüngeren Vergangenheit sind dabei vor allem die Verkäufer reich geworden – und mancher mit Moral angelockte Kunde hat mit einem Schlag die Summen verloren. Das ist dann – siehe oben – ein großer Fehler.

Kombi-Solaranlagen: http://bit.ly/bkJDRU
Ethisch-ökologische Fonds: http://bit.ly/g6j3Ek
Buchtipp: Anno Fricke, *Grüne Geldanlage: Verantwortungsvoll investieren*, Stiftung Warentest 2010

16 Minuten statt Moneten

Das Konzept der Münchner Zeitbank könnte die unentgeltliche soziale Arbeit revolutionieren. Was in der Heimat am Widerstand der Behörden scheiterte, findet mittlerweile überall in Deutschland Nachahmer.
Von Bernhard Hübner

Unscheinbarer könnte eine so revolutionäre Idee kaum daherkommen. Joyce Mayer – blaues Kleid, weißes, festes Haar –

hält in ihrer Hand ein Faltblatt mit vier kleinen grauen Säulen darauf. Das sind die Stützen der Altersvorsorge: »Gesetzliche Rente«, »betriebliche Rente«, »private Rente«. Auf die Säule ganz rechts ist eine putzige Sanduhr gemalt: »Zeitanspar-Rente«. »Unser Ziel ist eine zusätzliche Pflegeversicherung für Ehrenamtliche in ganz Deutschland«, sagt Mayer.

Das ist die Vision, mit der Mayer und ihre Mitstreiter vom Münchner Verein Zeitbank angetreten sind. Sie wollten die soziale Arbeit auf neue Füße stellen. Doch sie mussten lernen, dass der Weg vom Sanduhrbildchen auf einem Faltblatt zum neuen Ehrenamt schwer und voller Hindernisse ist.

2006 hat Joyce Mayer mit acht Mitstreitern den Verein Zeitbank gegründet. Die Idee: Bürger bekommen für ehrenamtliche Arbeit auf einem Konto Stunden gutgeschrieben. Die können sie ansparen und später gegen die Hilfe anderer Ehrenamtlicher eintauschen. Die Zeitbank ist keine einfache Nachbarschaftshilfe, kein locker organisierter Tauschring. Sie führt über die geleisteten und abgerufenen Arbeitsstunden ihrer Mitglieder mithilfe eines Onlinesystems so akkurat und transparent Buch wie eine Sparkasse. Sie verspricht eine absolut krisenfeste Form der Absicherung fürs Alter, so sicher wie ein Sparbuch.

Die Bürgerstiftung Zukunftsfähiges München war sofort begeistert und verlieh der Zeitbank in ihrem Ideenwettbewerb den ersten Preis. Vier Jahre später sitzt Zeitbank-Gründungsmitglied Mayer in einem Café gegenüber der Münchner Universität und meint: »Die Entscheidungsträger waren gegen uns. Und ohne die kann man nichts machen.« Mayer spricht distinguiertes Deutsch mit amerikanischem Akzent. Sie hat promoviert und jahrelang in Verlagen gearbeitet. Jetzt, als Rentnerin, wollte sie die soziale Arbeit revolutionieren. Ehrenamtlich, unbezahlt zu arbeiten, könnten sich bisher vor allem Bürger aus oberen Schichten leisten. Die Gutschrift auf dem Zeitkonto könnte die soziale Arbeit für ganz neue Gesellschaftsgruppen attraktiv machen, glaubt Mayer. Sie hat Vorträge gehalten, um die Münchner Bürger für ihre Idee zu begeistern, sie hat mit sozialen Einrichtungen über Kooperationen verhandelt und in Ministerien vorgesprochen. Doch die Bürger reagierten zögerlich. Die Sozialträger fürchteten eine neue Konkurrenz und wollten nicht zusammenarbeiten.

Und die Politiker hatten Probleme, das Konzept der Zeitbank zu verstehen. Anfang des Jahres bat Mayer die bayerische Sozialministerin Christine Haderthauer um ein Treffen. Beim Termin im Ministerium erschien ein Referent, nicht Haderthauer. Er habe signalisiert, dass die Regierung die Zeitbank nicht unterstützen wolle, erinnert sich Mayer. Es gebe keinen Bedarf für eine neue Art der Alterssicherung. Wenig später erklärte das Finanzamt, dass es dem Verein Zeitbank e.V. die Gemeinnützigkeit aberkennen müsse. Dass die Zeitbank-Mitglieder persönlich von ihrer sozialen Arbeit profitieren, sei nicht zulässig.

Eigentlich wäre das reiche München der ideale Ort für die Zeitbank. Laut Deutscher Rentenversicherung bekamen Münchner Rentner 2009 monatlich im Schnitt nur 896 Euro ausgezahlt – weniger als die Rentner in Leipzig, Düsseldorf oder Frankfurt. Und das bei konkurrenzlos hohen Lebenshaltungskosten. Viele Alte können schon jetzt ihre Pflege nicht mehr bezahlen und brauchen Unterstützung aus der Sozialhilfe. Die Zeitbank könnte den Staat und die Sozialträger entlasten, doch die wehren sich gegen die neue Idee. »Es herrscht noch immer die Mentalität: Vater Staat und Mutter Kirche werden für alles sorgen«, ärgert sich Mayer.

In ihrer Heimat München ausgebremst, ist die Zeitbank zum Vorbild geworden, zur Keimzelle einer deutschlandweiten Bewegung. In den vergangenen Jahren gründeten sich Zeitbanken in Würzburg, in Thüringen und in Mecklenburg-Vorpommern. Der Münchner Verein hat sich in den Zeitbank-Verband e.V. umbenannt, will die örtlichen Initiativen vernetzen und das Zeitbank-Konzept um eine eigene Währung ergänzen. »Wir haben uns von den Erfahrungen in Vorarlberg leiten lassen«, sagt Martin Schmidt-Bredow vom Zeitbank-Verband. Im österreichischen Bundesland bezahlen bereits 600 Familien und 130 Unternehmen im Alltag mit der Regionalwährung »Talente«. Dort versucht der »Talente«-Tauschkreis gerade neben seiner Währung für die lokale Wirtschaft auch Zeitsparkonten für in der Pflege geleistete Arbeit zu etablieren.

Statt um Regionalgeld und andere neue Visionen kümmert sich Joyce Mayer lieber um die praktischen Probleme bei der Verwirklichung der Zeitbank-Idee und berät neue Initiativen. Etwa die Zeitbank Vorpommern in Eggesin, im Landkreis Uecker-Randow, 2009 bekannt geworden als der Kreis mit dem höchsten Hartz-IV-Empfänger-Anteil in der Bevölkerung: 21,2 Prozent. Der Verein hat am Bahnhof ein Gemeinschaftszentrum errichtet, die Zeitbank hat 35 Mitglieder, die Kommunalpolitiker sind wohlwollend. Wenn man eine Initiative wie die Zeitbank zu groß aufziehe, gebe es schnell Widerstand von Sozialverbänden und Politik, meint Heidrun Hiller von der Zeitbank in Eggesin. »Wir haben uns deshalb damit zufriedengegeben, langsam zu wachsen.«

Geduld ist nur eine der Zutaten, die eine Zeitbank braucht, um ihre Idee erfolgreich Realität werden zu lassen. Man brauche gute Informatiker im Team, sagt Joyce Mayer. »Denn man kann Zeitguthaben nicht einfach auf Papier verbuchen, man braucht ein Internet-Buchungssystem.« Die Zeitbank-Initiatoren müssen Politiker überzeugen, sich mit dem lokalen Finanzamt über die Rahmenbedingungen einigen und den Wohlfahrtsverbänden zeigen, dass sie keine Konkurrenten sein wollen, sondern Partner. So groß die Widerstände auch sein mögen, ausbremsen konnten sie das Zeitbank-Konzept bisher kaum. »Die Idee der Zeitbank ist mittlerweile sehr verbreitet in

Deutschland«, sagt Mayer. »Es gibt immer mehr, die auf den Zug aufspringen wollen.«

www.zeitbank.net
www.zeitbank-vorpommern.de

17 *Das Privateigentum auflösen? – aller_Dings!*

Die Fähigkeit zu teilen statt zu horten kann Fülle und Freiheit für alle sichern – wie das Beispiel der Strausberger Gruppe »aller_Dings« eindrucksvoll zeigt.
Von Imma-Luise Harms

»Leih mir mal dein Fahrrad – Nein, das ist meins! – Du brauchst es doch jetzt gar nicht – Trotzdem ist es meins! – Was müssen wir uns keilen, wir können doch auch teilen, dass jeder immer das bekommt, was er grade braucht!« Dieses Lied lernten Kinderladen-Kinder in den 1970er Jahren. Viel genützt hat es nicht, vielleicht auch, weil ihre Eltern dann oft selbst lieber Zuflucht zum abgeschotteten Privateigentum gesucht haben.

Dabei würde die Fähigkeit zu teilen statt zu horten und zu sichern Fülle und Freiheit für alle bedeuten – vorausgesetzt, das Vertrauen in die anderen, im Bedarfsfall dann auch herzugeben, kann aufrechterhalten werden. Genau daran sind viele Versuche kollektiver Kassen in den vergangenen Jahrzehnten zusammengebrochen. Schlechte Erfahrungen verknoten sich zu Vorurteil und Feindseligkeit, aus denen dann nur noch der Rückzug ins privat Gesicherte als Ausweg erscheint.

Reichlich auf einem Schiffsdeck verteilte Sonnenliegen werden zu einem knappen Gut, wenn alle Passagiere glauben, mit ihrem Handtuch einen Platz sichern zu müssen, für den Fall, dass sie dort mal liegen wollen. Das Bild stammt von Heinrich Popitz (*Phänomene der Macht*, 1986) und wird als Beispiel für die sogenannte »Tragedy of the Commons« herangezogen, wonach es nicht möglich sein soll, freie Güter dauerhaft gegen die private Vernutzung zu sichern.

Elenor Ostrom, Nobelpreisträgerin für Ökonomie, verweist auf den Unterschied zwischen Commons als *freien*, »herrenlosen« Ressourcen und als *gemeinsamen* Gütern. Die letzteren kann eine Gemeinschaft nach Ostrom dadurch erhalten, dass sie miteinander redet, sich Regeln gibt und diese Regeln in geeigneten Konfliktlösungs-Mechanismen immer wieder anpasst. Solange die Liegestühle fortwährend ihren »Besitzer« wechseln und nicht durch Handtücher als »Privatbesitz« markiert werden dürfen, gibt es selbst dann keine Probleme, wenn dreimal mehr Passagiere als Liegestühle existieren.

Die Strausberger Gruppe »aller_Dings« hat sich für eine gemeinsame Ökonomie entschieden. Die Gruppenmitglieder kennen sich zum größten Teil seit langem. Sie haben zusammen in dem Strausberger Jugendzentrum »Horte« gewohnt, das Mitte der 1990er Jahre aus einer Hausbesetzung hervorgegangen ist. Seit einigen Jahren versucht die Gruppe, ein eigenes Projekt auf die Beine zu stellen. Ein baufälliges Bürgerhaus mit großem verwildertem Garten im Zentrum von Strausberg wird buchstäblich Stein für Stein wieder hergerichtet. Weil der Prozess so lange dauert und weil die Biografien sich weiterentwickeln, ist inzwischen ein Gruppenmitglied nach Berlin gezogen, ein weiteres pendelt zwischen befreundeten Projekten. Zwei neue Mitglieder sind dazugekommen. Ein Kind ist geboren. Aber es gibt weiterhin ein für alle gemeinsames Portemonnaie beziehungsweise ein gemeinsames Konto. Und das mit allen Konsequenzen. In den Topf wandern nicht nur die höchst unterschiedlichen Einnahmen, von der elterlichen oder staatlichen Grundsicherung bis zum Ärztinnengehalt, sondern auch Ersparnisse, Erbschaften oder Geldgeschenke.

Von dem Geld wird der ebenfalls durchaus unterschiedliche Lebensstandard der Gruppenmitglieder bestritten und, soweit das möglich ist, der Hausbau vorangebracht. Dazu gehört auch, dass alle gemeinsam ihre Verwandten und Bekannten nach Schenkungen und Krediten für das »aller_Dings« abgrasen. Die nicht unerhebliche Schuldensumme, die sich dadurch inzwischen aufgehäuft hat, sichern sie intern mit freiwilligen persönlichen Schuldübernahmen ab – für den Fall, dass die gemeinsame Ökonomie auseinanderfällt, bevor die Kredite getilgt sind.

Dass alles in einen Topf kommt, nicht nur Einkommen, sondern auch Rücklagen und Geldquellen, war eigentlich weniger eine Entscheidung als ein Prozess. Es gab Zeiten, in denen einige Gruppenmitglieder bereits ihre Taschen ausgeleert hatten, andere sich aber von der privaten Rückversicherung noch nicht ganz verabschieden mochten – ein zurückgehaltener persönlicher Fundus an Werkzeugen oder ein von den Eltern eingerichtetes Sparkonto. Mit dem wachsenden Vertrauen in die Tragfähigkeit der Beziehungen untereinander – gerade auch nach Zerwürfnissen – lockerte sich die Hand, die den individuellen Besitz abschirmte, von ganz allein.

Das Geheimnis ist »orare et laborare« – nein, nicht »beten«, sondern »*reden* und arbeiten«. Die gemeinsame Praxis – beim Hausbau, mit dem Kind, in gemeinsamen politischen Aktionen, beim Einsatz für befreundete Projekte – hilft, auf nonverbaler Ebene Vertrauen immer wieder herzustellen. Bei monatlichen Wochenendtreffen wird die Finanzsituation begutachtet und alles beredet, was Bedeutung für die gemeinsame Ökonomie hat: Einnahmemöglichkeiten, Wünsche und Konflikte.

Für jedeN, der/die dann doch mal aussteigen will, ist ein kleines finanzielles Startgeld für einen eigenen Weg zurückgelegt. Aber eigentlich planen die »aller_Dings«-Mitglieder, sich und ihre Kinder bis in die weite Zukunft gegenseitig abzusichern. Die Hoffnungsfreude geht so weit, dass jetzt mit zwei älteren Menschen – der Gebrechlichkeit und Bedürftigkeit wesentlich näher – verhandelt wird, ob sie mit ins Boot steigen wollen.

»Es ist wunderbar, wenn meine leere Tasche mich nicht mehr erschreckt, denn es gibt noch andere Portemonnaies«, sagt V. Nur eins findet sie schade: »Es ist schwieriger geworden, sich gegenseitig ein Geschenk zu machen!«

18 *Anders reisen*

Im Urlaub den Blick schärfen: wie sich das Unheil des Tourismus minimieren lässt.
Von Thomas Hartmann

Die Welt verändern? Durch Reisen? Wohl höchstens negativ, lehrt uns eine umfangreiche Tourismuskritik. Der Schriftsteller Reinhard Lettau klagte schon 1987 in der *taz* unter dem Titel »Gegen Reisen«: »Viel Unheil wäre vermieden worden, wenn niemals jemand von dort, wo er herkommt, weggegangen wäre.« Also: einfach gar nicht reisen, das ist das beste Mittel, das Unheil des Tourismus zu vermeiden, die All-Inclusive-Inseln, die Zerstörung der lokalen Wirtschaft, die Zersetzung gewachsener sozialer Strukturen. Sogar bei Asterix wurden diese Mechanismen schon im Detail beschrieben. Aber: Wir reisen trotzdem. Die Gründe dafür kennt jeder selbst. Reisen ist schön, ein persönlicher Ausgleich, Lustgewinn und vieles mehr, darüber hinaus birgt es eine gewichtige Chance: Reisen bildet, wusste schon Goethe. Formulieren wir daher die Eingangsfrage neu: Wenn schon reisen, wie kann man es möglichst kreativ gestalten, seine Potentiale sich entfalten lassen, seine Nachteile minimieren?

Die Luftverschmutzung bei Flugreisen wird durch die Idee eines freiwilligen Atmosfair-Beitrags – je nach CO_2-Ausstoß beim Flug – bereits minimiert (siehe Kapitel 25), doch eine kompensierende Klimaverbesserung, die mit dieser Hilfe finanziert wird, reicht allein nicht, um die positiven Potentiale des Reisens zu stärken. Das Schlüsselwort dafür heißt: Begegnung mit Menschen; je intensiver desto besser; Gedankenaustausch, andere Sichtweisen kennen und respektieren lernen und im Idealfall gemeinsam an einer Aufgabe arbeiten.

Wie aber kann man seine Auslandsreisen zu mehr als oberflächlichen Gesprächen mit dem Hotelpersonal, einem Taxifahrer oder dem Fremdenführer nutzen? Eigentlich ganz einfach: Man arbeitet am besten irgendwo auf der Welt eine Zeit lang in einem Projekt mit, gemeinsam mit den Menschen, die mit diesem Projekt etwas an ihrer Lebenssituation verbessern wollen. Die Mitarbeit in einem solchen Projekt ermöglicht soziale Erfahrungen. Man lernt manche zunächst fremdartig anmutende Meinungen, Einstellungen und Verhaltensweisen der Menschen vor Ort verstehen. Man tauscht Gedanken und Ansichten aus, regt sich gegenseitig an. Ich selbst habe bei einem dreimonatigen Arbeitsaufenthalt in Jerusalem mehr gelernt als auf Dutzenden von Kurzreisen.

Selbst einige Tage Aufenthalt in einem Projekt oder nur ein ausführliches Gespräch mit Jugendlichen eines Stadtteil-Projekts können die Augen öffnen für Dimensionen des Reiselandes, von denen man beim bloßen Durchreisen nichts ahnt. Am ehesten hat das schon erlebt, wer mal Bekannte im Ausland besucht hat und dabei deren soziales Umfeld kennenlernen konnte. Eine solche Brücke zum Land und seinen Menschen ermöglicht ein intensiveres und nachhaltigeres Erleben des fremden Landes und kann ein neues Universum von Möglichkeiten eröffnen, aus denen sich Veränderungen ergeben. Und die Erfahrung zeigt, dass dies in schöner Regelmäßigkeit auch immer wieder passiert.

Etwa, wenn eine Reisegruppe die deutsch-palästinensische Schule Talitha Kumi bei Bethlehem besucht und der Direktor dabei erwähnt, dass er verzweifelt einen Musiklehrer sucht, und ein pensionierter Musiklehrer aus der Reisegruppe beschließt, den Musiklehrer-Job zu übernehmen. Oder wenn eine Reisegruppe von der Arbeit eines Frauenzentrums in Marrakesch so beeindruckt ist, dass sie den drohenden Finanzkollaps im kommenden Jahr abwendet, indem sie die Hälfte der jährlichen Betriebskosten des Frauenzentrums, immerhin 1800 Euro, unter sich sammelt und spendet. Es gibt vielfältige Beispiele, wie im Kleinen sehr konkret geholfen werden kann. Auch wenn die Weltrevolution anders aussieht: Durch solche kleinen Schritte verändert sich die Welt.

Man braucht dazu nicht überall auf der Welt Bekannte zu haben, die als Guide in die fremde Gesellschaft dienen können. Längst gibt es eine große Bandbreite von »Begegnungsreisen«: Viele Vereine, die von Deutschland aus irgendwo auf der Welt Projekte unterstützen, bieten Reisen dorthin an – wie der Verein »Dorf der Freundschaft«, der in Hanoi Betroffene von Agent Orange versorgt (www.dorfderfreundschaft.de); oder der Kunstverein von Bautzen, der Reisen in eine Bergregion Rumäniens organisiert, wo ein Schulprojekt für die Kinder aus der Region aufgebaut und unterstützt wird. Wer einmal eine solche Aktiv-Reise mitgemacht hat, weiß: Solche Erlebnisse sind nachhaltig. Es gibt zwei Internetportale, in denen sich verstreut immer wieder auch Hinweise auf Begegnungsreisen finden: www.fairunterwegs.de, das Reiseportal des Schweizer

Arbeitskreises Tourismus und Entwicklung, sowie www.tourism-watch.de, der Infodienst Dritte-Welt-Tourismus des Evangelischen Entwicklungsdienstes (EED).

Auch einige alternative Reiseveranstalter haben Begegnungen und Projektbesuche in ihre Reisen integriert. Als Einstieg sei auf das *Reiseperlen-Magazin* des »forum anders reisen« hingewiesen, in dem rund 150 kleinere und mittlere Reiseveranstalter mit Engagement für einen nachhaltigen Tourismus zusammengeschlossen sind. In den *Reiseperlen* 2011 werden allein 13 Reisen zu Projekten des World Wide Fund for Nature (WWF) angeboten und neben recht unterschiedlichen Reisen zu sozialen Projekten auch die »*taz*-Reisen in die Zivilgesellschaft«. Sie werden von verschiedenen Reiseveranstaltern in Kooperation mit der *taz* durchgeführt, die Reiseleitung übernehmen *taz*-Auslandskorrespondenten. Sie stellen der Reisegruppe ihre Kontakte zur Verfügung und ermöglichen damit, ein Land über Begegnungen mit Menschen kennenzulernen, die sich in zivilgesellschaftlichen Projekten und Initiativen engagieren.

Ob eine Begegnung Funken schlägt, ist nicht immer planbar oder vorhersehbar, manchmal sind auch mehrere Versuche nötig, doch wenn es dann funkt – so haben die »*taz*-Reisen in die Zivilgesellschaft« gezeigt – geben diese Begegnungen und noch mehr die Zusammenarbeit mit den Menschen einer Urlaubsreise eine ganz neue Qualität. Sie schärfen den Blick – und das war schon immer der erste Schritt zur Veränderung der Welt.

www.fairunterwegs.de
www.tourism-watch.de
Reisen in die Zivilgesellschaft: www.taz.de/tazreisen
forum anders reisen: www.reiseperlen.de

19 *Mehr Zuckerbrot, weniger Peitsche*

Arbeitslose könnten glücklich sein, wenn man sie nur in Ruhe ließe: vom Recht auf Faulheit in Zeiten von Hartz IV.
Von Helmut Höge

»Die Welt gehört den Tüchtigen, und die Faulen genießen sie«, das schrieb nicht Sarrazini – sondern Pasolini, Pier Paolo, in: *Das Herz der Vernunft*. Im Gegensatz zu jenem populistischen deutschen Politiker fürchtete der schwule Publizist aus Italien jedoch nicht, die letzteren könnten überhand nehmen: »Es sieht so aus, als ob es keine Faulen mehr gäbe. Alle sind tüchtig, und alle haben daher ihr tüchtig unglückliches Gesicht. Tüchtig zu sein ist das erste Gebot des Konsumismus: tüchtig, um glücklich zu sein (im Sinne des konsumistischen Hedonismus). Das Ergebnis ist ein von Grund auf falsches Glück …«

Diese Pasolini'sche Weltsicht ist stark von Paul Lafargue beeinflusst. Der Schwiegersohn von Karl Marx wurde mit einer Schrift berühmt, in der er dem 1848 geforderten »Recht auf Arbeit« für alle 1880 ein »Recht auf Faulheit« entgegenstellte. Marx missfiel nicht nur die Mittellosigkeit des Ehemannes seiner Tochter Laura, sondern auch der Fleiß, mit dem Lafargue seine Idee der Faulheit propagierte: »Deine Theorie ist bloß eine typisch kubanische Rationalisierung eurer Faulheit. Wenn du damit im protestantischen Deutschland Erfolg hast, fress ich einen Besen …« (*Marx-Engels-Werke* Bd. 34, S. 212).

Immerhin wird Lafargues *Recht auf Faulheit*, das der SPD-Theoretiker Eduard Bernstein ins Deutsche übertrug, bis heute immer wieder, und das in vielen Sprachen, neu aufgelegt. »Statt in den Zeiten der Krise eine Verteilung der Produkte und allgemeine Belustigung zu verlangen, rennen sich die Arbeiter vor den Türen der Fabriken die Köpfe ein«, schimpfte Lafargue darin. Diese klassenkämpferische Einstellung hat nur wenig gemein mit der aristokratischen Arroganz eines Blaise Pascal, der Mitte des 17. Jahrhunderts konstatierte: »Das ganze Unglück der Menschen rührt allein daher, daß sie nicht ruhig in einem Zimmer zu bleiben vermögen.« Wenn sie genug zu fressen hätten, täten sie es vielleicht. Paul Lafargues Idee ist aber auch weit von der Konsumkritik eines Alexander Solschenizyn entfernt, der da meinte: »Es kommt nicht darauf an, immer mehr zu verdienen, sondern immer weniger zum Leben zu brauchen.« Für Lafargue geht es darum, dass den Massen das zum Leben Notwendige zusteht – und sie sich nicht darauf versteifen sollten, sich dafür auch noch täglich schinden zu wollen.

Dies gilt mit zunehmender Industrialisierung und erst recht seit der Computerisierung umso mehr. 1953 machte darauf bereits der US-Schriftsteller Kurt Vonnegut mit seinem Roman *Das höllische System* aufmerksam. Es geht darin um die Massenarbeitslosigkeit produzierenden Folgen der Computerisierung, die den Menschen nur noch die Alternative (militärische) Auslandseinsätze oder (zivile) Arbeitsbeschaffungsmaßnahmen lässt. Doch der Aufstand der Deklassierten, die den Zentralcomputer in die Luft jagen wollen, scheitert, nicht zuletzt deswegen, weil die Massen nur daran interessiert sind, wieder an »ihren« geliebten Maschinen zu arbeiten.

Die »Maschinenstürmerei« wurde schon 1812 mit der Todesstrafe belegt. Marx hielt sie 1867 bereits für eine fast überwundene Kinderkrankheit des Proletariats. Schlussendlich sollte die Arbeiterklasse ja selbst die Maschinerie in Beherrschung nehmen. Wo das ansatzweise geschah und gleichzeitig das Recht aller auf Arbeit verwirklicht wurde, war dann auch prompt eine Zunahme an Faulheit zu verzeichnen. Bevor die Lafargue'sche Idee jedoch mit steigender Arbeitslosigkeit und der Bewegung für das »bedingungslose Grundeinkommen« vollends die Massen ergriff, machte der SPD-Bundeskanzler

Schröder uns um die Jahrtausendwende noch einmal klar: »Es gibt kein Recht auf Faulheit!«

Nachdem man 2003 das unter anderem um Zwangsarbeit erweiterte »Hartz«-Gesetz verabschiedet hatte, verkündete der später verurteilte VW-Kriminelle Peter Hartz lauthals: »Was für ein glücklicher Tag für alle Arbeitslosen!« Ein arbeitsloser Korse, Guillaume Paoli, gründete daraufhin im Prenzlauer Berg »Die glücklichen Arbeitslosen«, die unter anderem ein Buch mit dem Titel *Mehr Zuckerbrot, weniger Peitsche* herausgaben und sich an einem Kongress der Volksbühne über »Das Recht auf Faulheit« beteiligten. Es geht ihnen bei all ihren (wenigen) Aktivitäten darum, dass nicht die Arbeitslosigkeit das Problem ist, sondern die Geldlosigkeit, dass also die Arbeitslosen, deren Zahl sich täglich vermehrt, glücklich sein könnten, wenn man sie nur in Ruhe ließe – das heißt, ihnen bloß regelmäßig Unterstützung zahlen würde und ansonsten auf die Selbstheilungskräfte der durch plötzliche Überflüssigkeit Gedemütigten hoffte.

»Es gibt keine Gruppe, keinen Verein, keine Organisation«, so Guillaume Paoli, »es ist eine Idee, die von anderen Menschen aufgegriffen wurde. Jeder weiß, dass die Vollbeschäftigung nicht mehr kommt. Trotzdem wird sie von allen Parteien immer wieder beschworen. Mit dieser Heuchelei wollen wir aufhören.«

Als die Rosa-Luxemburg-Stiftung Brandenburg dann das »Paul Lafargue Laboratorium« aus Wien nach Potsdam einlud sowie ein unter anderem mit Guillaume Paoli »hochrangig besetztes Podium« zum Thema diskutieren ließ, artete das Ganze in ein Parteienhickhack über mehr oder weniger Faulheit aus. So dachte der brandenburgische SPD-Ministerpräsident Mathias Platzeck in seinem Kabinett laut über eine Streichung der Zuschüsse für die politische Bildung nach. Und weil davon auch die Rosa-Luxemburg-Stiftung betroffen gewesen wäre, erklärte ihr Vorsitzender, dass sie dann ihre »Arbeit einstellen müssten«. Und die war – nachweislich – immens. Von Faulheit konnte mithin – jedenfalls in diesen »Zusammenhängen« – keine Rede sein. Wenn ich also hier und jetzt die Idee von Paul Lafargue noch einmal aufgreife, weil ich davon überzeugt bin, dass sie half und hilft, die Welt zu verbessern, dann dieses Mal mit der Versicherung, dass ich selbst dabei mit gutem Beispiel vorangehe.

Ökologie

20 Die »100-Prozent-Erneuerbare-Energie-Region« anstoßen

Streichen Sie Klimaschutz aus Ihrem Vokabular. Sprechen Sie von Millionen Euro im Dienste der regionalen Wertschöpfung. Von Martin Unfried

Was macht eigentlich Ihr Kreistag in Sachen erneuerbare Energien? Oder Ihr Gemeinderat? Gibt es bei Ihnen bereits konkrete Ziele für den Aufbau heimischer Erneuerbarer? Wissen Sie, wie der Landrat dazu steht oder der Oberbürgermeister? Was sagen denn wichtige Politiker im Kreis zur Ästhetik der Windenergie oder zu Photovoltaik-Freiflächenanlagen in Ihrer schönen Gegend? Wie positionieren sich die regionalen Unternehmen? Wie, das wissen Sie nicht? Das ist schlecht. Hier ein Tipp: Kümmern Sie sich mal um die kommunale Ebene. Da spielt die Musik, da ist viel zu bewegen.

In Deutschland hat sich nämlich – fast unbemerkt vom Mediengetöse – ein entscheidender Paradigmenwechsel vollzogen: Plötzlich werden Pionierlandkreise, Städte und Gemeinden zu aktiven Akteuren der Energiepolitik. Nicht nur, dass viele Kommunen gerne ihre Stromnetze zurückkaufen wollen und Stadtwerke wieder in Mode sind. Es entsteht eine kraftvolle Bewegung von sogenannten »100-Prozent-Erneuerbare-Energie-Regionen«. Plötzlich geschieht Unerhörtes wie im Ostalbkreis in Baden-Württemberg: Dort hat der Kreistag im Sommer 2010 beschlossen, bis 2025 in einem ersten Schritt 50 Prozent des Energieverbrauchs aus heimischer, erneuerbarer Energie zu decken. Das ist der konkrete Aufbruch zur 100-Prozent-Region. Das heißt, mit ein bisschen »Wir-sind-doch-alle-für-Erneuerbare« ist das nicht zu machen. Jetzt ist die Politik vor Ort gezwungen, ernst zu machen und mit einem konkreten Plan in Sachen Effizienz und Erneuerbare zu kommen.

Wie es dazu kam? Im Ostalbkreis herrscht alles andere als eine grüne Mehrheit. Es war auch weniger der Gedanke des Klimaschutzes, der politisch überzeugend war. Es war die Kommunikation der regionalen Wertschöpfung. Den Kreistagsmitgliedern war plötzlich klargemacht worden, dass im Jahr rund 200 Millionen Euro abfließen. Das sind nämlich die Kosten für Öl, Gas, Kohle- und Atomstrom. Und plötzlich entsteht ein Mainstream, der dieses Geld durch Effizienz und Erneuerbare abschöpfen möchte. Plötzlich wurde auch viel deutlicher, welche Unternehmen vor Ort profitieren können. Plötzlich beleuchtete eine wissenschaftliche Potentialanalyse die regionalen Chancen bei Wind, Sonne und Biomasse. Und niemand kann jetzt mehr sagen, dass es nicht geht.

Lokale oder regionale Parlamente sind heute sehr offen in Sachen Erneuerbare. Oft braucht es aber den Anstoß von außen und das Vorbild von Pionierlandkreisen, um selbst konkrete Ziele zu definieren. Da können Sie was bewegen. Ihr Landkreis hat noch keinen konkreten Beschluss zur regionalen Wertschöpfung mit erneuerbaren Energien? Das ist prima. Dann können Sie heute anfangen, diesen auf den Weg zu bringen. Wenn Sie zu denen gehören, die keine regionale Zeitung mehr lesen, dann sollten Sie morgen wieder damit beginnen. Sie müssen nämlich wissen, wer im Kreistag oder im Gemeinderat was zu sagen hat. Sie müssen vor Ort Bescheid wissen, ob der BUND oder Greenpeace bereits für die 100-Prozent-Region streiten. Und wer eigentlich die potentiellen Unternehmer und Handwerker sind, die die Idee klasse finden, weil es um ihr Geschäft geht.

Keine Angst, Sie müssen das Rad nicht neu erfinden. Schauen Sie mal auf der Seite www.100-ee.de vorbei. Da sehen Sie all die Regionen in Deutschland, die bereits auf dem Weg sind. Rufen Sie doch mal jemanden an, der erfolgreich einen Kreistag bearbeitet hat. Wie kontaktiere ich am besten einen Landrat oder die Fraktionsvorsitzenden? Gibt es überhaupt eine regionale oder lokale Potentialanalyse mit Blick auf Erneuerbare und Effizienz? Wenn nicht, wer könnte die machen? Wer sind die Energieexperten in der Kreisverwaltung, und wer bestimmt über potentielle Standorte von Windrädern? Suchen Sie Verbündete, die diese Dinge schon wissen.

Vielleicht können Sie ein Netzwerk gründen, das die bekannten Akteure zusammenbringt. Oft sind Umweltverbände, Unternehmer und Handwerker aus dem Bereich Erneuerbare erstaunlich schlecht vernetzt vor Ort. Da könnte eine Veranstaltung helfen: »Auf dem Weg zur 100-Prozent-Region«. Laden Sie Mutmacher aus anderen Regionen ein, die bereits Erfolge vorweisen können und Ihre lokalen Meinungsführer überzeugen können.

Vor allem brauchen Sie eine Kommunikationsstrategie. Streichen Sie Klimaschutz aus Ihrem Vokabular. Sprechen sie von Millionen Euro im Dienste der regionalen Wertschöpfung. Sprechen Sie davon, dass wir nicht länger den Ölmultis und den Scheichs unser Geld in den Rachen werfen. Sprechen Sie von heimischer Energie. Erneuerbare klingt so sperrig. Kommen Sie mit konkreten Zahlen. Pro Bürger 1000 Euro, die grob geschätzt abfließen. Das sind im Landkreis schon mal 200 Millionen. Die wollen wir hierbehalten. Also heißt Energieeffizienz und Einsparung eben auch Arbeit für das Handwerk vor Ort. Und erneuerbare Energien heißt Pachterträge für Landwirte und Rendite für beteiligte Bürger. Sprechen Sie von regionalen Investitionen. Werben Sie für Bürgerbeteiligung, Energiegenossenschaften, für Akzeptanz und Netzwerke. Vergessen Sie Kyoto, die Malediven und die folgenden Generationen. Auch wenn es schwerfällt: Vermeiden Sie auch unnütze Atomdebatten mit den Atomfreunden von der CDU. Kommunizieren Sie Begeisterung für Energieproduktion vor Ort, für das Comeback der regionalen Energiewirtschaft. Kommunizieren Sie vor allem eins: Die regionale Energiewirtschaft ist der Normalfall und Großstrukturen und globale Öldeals ein historischer Irrtum. Denn die Ära der regionalen Energiewirtschaft mit Biomasse, Wind- und Wasserkraft endete erst vor einem Jahrhundert. Heute haben Kommunen und Landkreise die Chance, endlich wieder eine heimische Energiewirtschaft auf die Beine zu stellen. Seien Sie vor Ort die Avantgarde.

www.100-ee.de

21 *Elektr(on)ische Schwärmerei*

Die Zukunft der Energieversorgung liegt in Smart Grids: Der Stromverbrauch wird danach ausgerichtet, ob der Wind weht oder die Sonne scheint.

Von Bernward Janzing

In Cuxhaven hat die Energiezukunft schon begonnen: Die Kühlaggregate der Cuxhavener Kühlhaus GmbH werden vom Windstrom gesteuert – immer, wenn durch eine steife Brise im Stromnetz ein Überschuss an Energie herrscht, werden sie automatisch in Betrieb gesetzt. Für die Konservierung des Fisches im Kühlhaus spielt es schließlich keine Rolle, wann die Kältemaschinen laufen. Das Gebäude ist gut gedämmt, es hält die Kälte für mehrere Tage.

Das Projekt an der Nordseeküste ist ein kleiner Anfang, hinter dem eine große Vision steckt: Wenn die erneuerbaren Energien wie geplant massiv ausgebaut werden sollen, um Mitte dieses Jahrhunderts die Vollversorgung zu übernehmen, werden ausgefeilte Steuerungssysteme gebraucht. Oder, wie man umgangssprachlich sagt: intelligente Netze. Denn Wind und Sonne sind launisch. Sie stehen nicht immer dann zur Verfügung, wenn man sie gerade benötigt. Darauf muss man reagieren, und so vollzieht sich im energiewirtschaftlichen Denken gerade ein grundlegender Wandel. Historisch ging man stets davon aus, dass die Stromerzeugung dem Verlauf der Nachfrage zu folgen hat. Jetzt legen es die erneuerbaren Energien nahe, den Verbrauch ein Stück weit am Angebot zu orientieren.

Hinter dem Projekt in Cuxhaven stehen der Oldenburger Energieversorger EWE AG sowie die ebenfalls in Oldenburg ansässige Firma Energy & Meteo Systems, deren Kernkompetenz die Prognose von Windleistungen ist. Unter dem Namen eTelligence wird das Projekt vom Bundeswirtschaftsministerium gefördert. Ulrich Focken, Geschäftsführer der Energy & Meteo Systems, hält solche intelligenten Steuerungskonzepte für unabdingbar, um künftig den drastisch zunehmenden Wind- und Solarstrom ins Netz integrieren zu können. »Wenn wir eines Tages unseren Strom zu 100 Prozent aus erneuerbaren Energien erzeugen wollen, dann müssen wir alle Verbräuche, bei denen dies praktikabel ist, so steuern, dass sie sich am Stromangebot ausrichten.«

Aber nicht nur die Steuerung des Verbrauchs, auch eine kluge Planung der Stromerzeugung wird in einem ökologisch umgebauten Stromversorgungssystem immer wichtiger. Der Ökostromanbieter Lichtblick aus Hamburg hat bereits ein entsprechendes Projekt gestartet: Er will in großem Stil Kleinkraftwerke in Privathäusern installieren, die abhängig von den Erfordernissen des Strommarktes betrieben werden. Die Anlagen von Lichtblick sollen jeweils dann laufen, wenn Wind und Sonne gerade schwächeln. Das hilft zum einen der Stabilität des Netzes, weil damit Ausgleich auf der Erzeugungsseite geschaffen wird. Das Konzept ist aber auch für Lichtblick attraktiv, weil in den Zeiten knappen Stromangebots nach ökonomischer Logik die Preise an den Strommärkten hoch sind. Von einem »neuen Kapitel der intelligenten Energieversorgung« spricht Lichtblick.

Aus Sicht des Unternehmens ist dieses Projekt eine konsequente Reaktion auf die veränderten Marktbedingungen, die der Ausbau der erneuerbaren Energien geschaffen hat: »Unflexible Großkraftwerke vertragen sich auf Dauer nicht mit der schwankenden Stromerzeugung insbesondere aus Wind und Sonne«, heißt es dazu in einem Papier von Lichtblick. Auch hier hört man wieder den Satz, der so oft kommt, wenn es um die Zukunft der Stromwirtschaft geht: Es bestehe zwischen der alten Welt (Kohle- und Atomkraftwerke) und der neuen Welt (erneuerbare Energien) ein »Systemwiderspruch«. Denn ein Braunkohlekraftwerk benötigt bis zu sieben Stunden, um angefahren zu werden, ein Atomkraftwerk sogar mehr als einen Tag. Die Schwankungen der erneuerbaren Energien sind aber häufig deutlich kurzfristiger. Kleinkraftwerke werden dem gerecht, weil mit ihnen die nötige elektrische Leistung binnen einer Minute bereitgestellt werden kann.

Hat man genug solcher Kleinanlagen verfügbar, lässt sich damit auch die Leistung eines großen Kraftwerksblocks aufbauen – man erhält somit ein virtuelles Großkraftwerk mit der Flexibilität eines Kleinkraftwerkes. Für dieses Prinzip hat Lichtblick die Bezeichnung »Schwarmstrom« kreiert. Denn die Kleinkraftwerke agieren wie ein Fischschwarm: Viele kleine Einheiten bilden eine große, leistungsfähige Gemeinschaft.

Teil der neuen Stromwelt werden früher oder später alle Bürger sein. Denn seit 2010 werden in Neubauten und bei umfangreichen Gebäudemodernisierungen bereits sogenannte Smart Meter – intelligente Zähler – installiert. Die Zähler ermöglichen zeitvariable Tarife, die sich am jeweils aktuellen Strommarkt orientieren. Künftig könnte dann zu Zeiten, wenn der Wind kräftig bläst, auch für Privatkunden der Strom billiger werden. Attraktiv dürften derlei variable Strompreise vor allem für jene Verbraucher sein, die ihre Stromnachfrage in großem Stil verlagern können. Besitzer von Elektrofahrzeugen zum Beispiel werden diese bevorzugt dann betanken, wenn der Strompreis gerade niedrig ist – und damit ganz nebenbei zur Stabilität des Stromnetzes beitragen.

www.smartgrids.eu
www.kombikraftwerk.de
www.etelligence.de
www.lichtblick.de

22 »Wir sind Watt Volt!«

Wie bringen wir zehn Millionen Haushalte dazu, bei den Atomkonzernen zu kündigen? Über den »Volksentscheid mit der Stromrechnung«, gestützt durch das System »Tupperabend«.
Von Martin Unfried

Es ist eigentlich banal: Auch Atomkonzerne in Deutschland sind in erster Linie darauf angewiesen, dass jemand ihr Produkt kauft. Das Produkt heißt Atomstrom. Neben den Großkunden der Industrie entscheiden rund 40 Millionen Privathaushalte in Deutschland, ob der Rubel rollt. Und hier liegt das Problem: Rund 38 Millionen Haushalte kaufen immer noch Atomstrom in einer Gesellschaft von Atomkraftgegnern. Das heißt: Selbst Millionen eisenharter Atomkraftgegner (Mitglieder der Umweltverbände, Wähler von Anti-AKW-Parteien) haben eine Geschäftsbeziehung mit den Konzernen, gegen die sie bei Kälte auf die Straße gehen. Also täuscht der Eindruck, die tollen, unabhängigen Ökostromer hätten schon Millionen Kunden in ihre Arme geschlossen.

In Wirklichkeit erleben wir ein Desaster der Konsumentenmacht. Längst müssten 10 Millionen Haushalte bei den Atomkonzernen und ihren Tochterunternehmen gekündigt haben. Haben sie aber nicht. Die Manager der Atomkonzerne mussten nicht mal im heißen Herbst 2010 Rücksicht auf ihre Kundschaft nehmen und kündigten frech den Ausstiegskompromiss. Und was machen die atomkritischen Stromkunden? Nix! Absolutely nothing! Die schauen sich Angela Merkels Pressekonferenz in ihrem Eon-betriebenen Atomfernseher an. Das nennt man kognitive Dissonanz oder einfach »gaga«.

Wollen wir, also Sie und ich, das noch länger mit anschauen? Also ich nicht. Oft habe ich mit Umweltverbänden darüber gesprochen. Was ist da los? Sind die alle verrückt? Die Verbandsjohnnies zucken mit den Schultern. Und verweisen auf ihre Stromwechselkampagnen. Aber alle, die mit Stromwechsel zu tun haben, sind frustriert. Keiner glaubt an eine Massenkündigung. Das Wort nimmt niemand in den Mund. Lieber spricht man schön von »Stromwechsel« und lobt den duften Ökostrom. Niemand will sich aus dem Fenster lehnen. Niemand will sich mit einer großen Aktion lächerlich machen. Ich schon. Und ich hoffe, Sie auch. Ich kann mich nicht damit abfinden, dass wir die eleganteste Karte nicht ziehen können. Millionen deutsche Atomkraftgegner sollen nicht in der Lage sein, ihren Atomstromvertrag zu kündigen und den Konzernen ihr Geld zu entziehen? Wenn es die Umweltverbände nicht machen, dann müssen wir – also Sie und ich – die Sache in die Hand nehmen. Darum hier die ultimative Idee zur Massenkündigung. Der »Volksentscheid mit der Stromrechnung«, gestützt durch das System »Tupperabend«.

Darin spielen Sie eine wichtige Rolle. Ich brauche Sie bei der Organisation eines spielerischen Volksentscheids. Eines

Volksentscheids, den wir einfach frech verkünden und veranstalten. Es geht um die Umdeutung der kleinen individuellen Kündigung zur politischen Tat vieler. Es geht darum, die banale Stromkündigung als politischen Volksentscheid zu zelebrieren. Und natürlich sprechen wir auch von Flashmob und so. Dabei ist die erste Regel: Nur das aktive Vorbild – also Ihres – kann Ihre Bekannten tatsächlich zur Atomstromkündigung motivieren. Also müssen wir den Tupperweg gehen.

Sie kennen Tupperpartys? Das war die kommerzielle Ausbeutung sozialer Netzwerke zu einer Zeit, wo man den Begriff noch gar nicht kannte. Sie also sind eine Nervensäge und nerven Ihre Bekannten so lange, bis diese weich sind. Und soziale Netzwerke haben Sie doch sicher on- und offline. Sagen wir, Sie knöpfen sich erst mal 100 Leute aus Familie und Bekanntenkreis vor. Natürlich spielerisch, natürlich als Nervensäge mit einem Augenzwinkern. Sie haben doch sicher eine Facebook-Seite. Und ein Wohnzimmer. On- und offline kommunizieren Sie folgendes: Es gäbe da einen tollen Flashmob, eine tolle kreative Idee im Netz, nämlich eine verabredete Massenkündigung bei Atomkonzernen. Echt lustig. Aber heftig. Das sei nämlich der neue Geist von Stuttgart und Gorleben. Der Slogan heißt »Wir sind Watt Volt«. Das heißt, wir nehmen uns die Freiheit, selbst einen »Volksentscheid mit der Stromrechnung« zu zelebrieren. Das ist ganz einfach: Auf meiner Seite www.oekosex.eu gibt es lustige Motive zum Volksentscheid (auch für Poster und Sticker geeignet) und bei www.atomausstieg-selber-machen.de gibt es die Wahlzettel – nämlich die Anmeldeformulare bei den vier unabhängigen Ökostromunternehmen, die von den Umweltverbänden empfohlen werden.

Achtung: Es geht nicht so sehr um Ökostrom. Also, ob der jetzt wirklich zu mehr Erneuerbaren führt, ist nicht wichtig. Einige Bekannte werden mit dem Schmu kommen, sie hätten gehört, der Ökostrom sei ja gar nicht so öko. Ja, das ist eine typische Entlastungsargumentation für Nichtstuer. Gehen Sie gar nicht darauf ein. Es geht um die Kündigung des Vertrages mit Atomkonzernen und deren Töchtern. Am besten empfehlen Sie Ihren Freunden nur das Ökostromunternehmen, zu dem sie selbst wechseln oder schon lange gewechselt sind.

Die zweite Regel heißt nämlich: Komplexität reduzieren. Deshalb schicken Sie regelmäßig (jeden zweiten Tag) Erinnerungs-E-Mails und schicken Sie das Formular für die Anmeldung (also den Volksentscheid) gleich mit. Am besten schon ausgefüllt, dass Ihre Freunde nur noch unterschreiben müssen.

Die dritte Regel heißt nämlich, dass Ihre Lieben bequeme Säcke sind. Die muss man entweder freundlich an die Hand nehmen oder mit der Schusswaffe zur Unterschrift zwingen. Wenn man's weiß, ist das kein Problem. Und am Ende bekommen Sie sogar schöne Vermittlungsprämien von den Ökostromern, aber das war bei Tupper ja auch immer so. Wenn Sie Lust haben, schenken Sie Ihren Bekannten bei erfolgreicher Teilnahme am Volksentscheid irgendwas Schönes: eine Nacht kuscheln, ein gutes Essen oder einen hübschen Flaschenmops.

www.atomausstieg-selber-machen.de

23 *Der 50-Prozent-Club*

Wie ich ganz nebenbei meinen CO_2-Abdruck um 50 Prozent verbessere – und warum wir in einem radikal anderen Land leben, wenn zehn Millionen diesem Beispiel folgen.
Von Peter Unfried

Gleich kommen Freunde. Ich weiß schon jetzt, was sie als erstes sagen, wenn sie noch in der Tür stehen. Wetten? Ah, es klingelt. Da sind sie.

Wir (fröhlich): »Hallooh, schön, dass ihr da seid.«

Und die (unangenehm berührt): »Äh, hallo, wir sind aber leider mit dem Auto da.«

Sehen Sie. Es platzt sofort aus ihnen raus. Die denken nämlich, sie kommen zu Ökos, und kriegen sofort ein Schuldgefühl. Sie denken, man sollte nicht mit dem Auto kommen bei dem Mobilitätsangebot einer Großstadt. Und vor allem denken sie, dass ich sie jetzt verurteile. Das ist ihnen total unangenehm. Und nun hassen sie mich.

Tja. Die Debatte um private Kohlendioxidemissionen verliert sich auch im 21. Jahrhundert häufig in einem Gestrüpp aus Moral, Über-Ich-Zumutungen, Schuldgefühlen und der permanenten Suche nach Entlastungsargumenten. Ich würde ja, aber … der Nachbar, der Chinese, die Politik soll erst mal … und wenn die gemeine Welt dann trotzdem untergeht? Die meisten Leute wissen zwar nicht, wie viel sie womit emittieren, aber dafür genau, warum das so sein muss.

Es ist höchste Zeit, diese Debatte zu professionalisieren. Grundlage für individuelle und in der Folge gesellschaftliche und politische Handlungsfähigkeit ist ein neues Denken, in dem die Angst vor Klimakultur nicht mehr größer ist als die Angst vor Klimawandel. Ein einfacher Einstieg ist die 50-Prozent-Strategie, die mein Bruder entwickelt hat. Sie sieht vor, dass wir (mein Bruder, ich und Sie) die blockierenden Nebenwidersprüche ausblenden und uns auf drei zentrale Bereiche konzentrieren: Strom, Wärme, Benzin/Kerosin.

Binnen zwei Jahren senken wir unseren individuellen und fossilen Energieverbrauch in diesen Bereichen um 50 Prozent. Mit altem Denken würde man sagen: Wir verzichten auf 50 Prozent. Im neuen Denken heißt es: Wir verbessern uns um 50 Prozent. Wir haben 50 Prozent Dekarbonisierungs-Wachstum. Es geht auch nicht nur ums Sparen. Wir können selbstverständlich auch einfach fossile Energien durch Erneuerbare ersetzen.

Dafür braucht es Wissen. Bei weitem nicht so viel, wie wir über die Bundesliga wissen, Bob Dylan, die RAF oder Weine vom Kaiserstuhl. Aber Professionalität heißt erst mal: wissen, was wir verbrauchen. Und zwar nicht in Tonnen CO_2, sondern in absoluten Zahlen. Nehmen wir einen Durchschnittshaushalt: Der verbraucht so ungefähr 3 500 Kilowattstunden Strom im Jahr. Und für Heizung und Wärme etwa 1 500 Kubikmeter Gas oder 1 500 Liter Öl. Wie viel verbrauchen Sie? Und 20 000 Autokilometer entsprechen etwa 1400 Litern Sprit (bei sieben Liter Verbrauch), und 150 Liter Kerosin sind zwei Flugreisen in Europa. Was davon die Hälfte ist, lässt sich leicht berechnen.

Wenn Sie nun fragen: warum 50 Prozent, wenn das Ziel eines Industrielandes bis 2050 doch 80 Prozent sein muss? Weil 50 Prozent für jeden sofort drin sind – ohne dass man auf Politik oder Chinesen warten müsste.

In diesem 50-Prozent-Club ist die Frage auch nicht, was man schon macht, sondern was man ab sofort macht. Konkret: Ich habe ein Drei-Liter-Auto. Weder kann ich sagen, da bin ich schon gut, noch wird moralischer Druck ausgeübt, das Auto ganz abzuschaffen. Ich brauche bis Ende 2011 entweder ein Auto, das nur noch 1,5 Liter auf 100 Kilometer verbraucht, oder ich fahre nur noch die Hälfte. Ob die Verbesserung durch eine Lebensstiländerung erreicht wird (auch mal zu Fuß gehen) oder durch Anwendung moderner Technologie (Elektroauto), ist egal. Sicher ist nur: Mit Ausstoßen von moralischen Appellen wird mein Spritverbrauch nicht geringer.

Mein Bruder hat in seinem Leben noch keinen Transatlantikflug gemacht. Wir, als klimakulturell noch nicht ganz so avantgardistische Familie, senken zunächst auch unseren Kerosinverbrauch um 50 Prozent. Konkret: Wir entscheiden uns nur jedes zweite Jahr für den Kalifornienflug. »Gute« Freunde sagen, dass sich diese Flüge ja eh verböten. Nicht so gute Freunde weisen darauf hin, dass die Armen gar nicht fliegen können.

Stimmt. Ist aber in diesem Zusammenhang irrelevant.

Es geht ausschließlich um uns. Um jene, die die freie Entscheidung haben, zu fliegen oder nicht zu fliegen. Ein theoretischer Konsens, dass Fliegen nicht mehr geht, ist nicht hilfreich, sondern verstärkt die Lähmung.

Im 50-Prozent-Club kann man auch nicht mit dem Hinweis auf das eine das andere begründen. Zum Beispiel: Viele Leute in Berlin haben ja gar kein Auto. Das ist großartig. Aber manche denken, damit hätten sie dann auch ihre Schuldigkeit getan. Sie fliegen dann fünfmal im Jahr nach New York. »Naja«, sagen sie, »dafür habe ich kein Auto.«

Sie fliegen von Berlin nach Köln. »Dafür habe ich kein Auto.«

Sie essen morgens, mittags und abends Schnitzel. »Dafür habe ich kein Auto.«

In Berlin leben und kein Auto haben, ist kein Verzicht, sondern eine Steigerung der Lebensqualität. Auf dem Land leben, mit miserablem öffentlichem Nahverkehr, und kein Auto haben, ist manchmal unmöglich.

Und nun kommt das Wichtigste: Manche »kompensieren« ihre Flüge bei Anbietern im Internet, die dafür etwa Solarküchen in Indien bauen (siehe Kapitel 25). Andere »kompensieren« nicht und fühlen sich wieder mal schlecht. Dabei gibt es etwas viel Besseres: Man investiert nicht in Schuldgefühle oder Kompensationsprojekte, sondern in einen Windpark oder ein Solardach. Das ist die entscheidende Wende: Die eigene ökologische Transformation vom Stromkonsumenten zum Stromproduzenten. Das ist der Weg in den hundert Prozent erneuerbaren Haushalt. Das bisschen Strom, was ich brauche, pflegt mein Bruder zu sagen, das kann ich auch selbst produzieren. Oder produzieren lassen, wenn man kein eigenes Dach hat.

Wenn Sie nun argwöhnen, das sei ja alles gut und schön, aber nicht »radikal« genug? Die Radikalität entsteht durch die Menge. Wenn fünf Millionen Deutsche nebenbei – und mehr ist es ja nicht – Strom, Wärme und Benzin um 50 Prozent reduzieren und dazu in die Produktion erneuerbarer Energien einsteigen, leben wir hier in einem radikal anderen Land. So einfach ist das.

24 *Ja wo fahren wir denn hin?*

Alle Macht den Drähten: neue Mobilitätskonzepte in einer veränderten Energie- und Ressourcenlandschaft.
Von Manfred Kriener

Es gehört zu den Launen der Geschichte, dass gleich zwei fundamentale Krisen zeitgleich über uns hereinbrechen: die Klima- und die Ressourcenkrise. Wir müssen zur Kenntnis nehmen, dass die Erde einerseits im CO_2-Schwitzkasten steckt und dass zweitens ihre Schätze endlich sind. Im Verkehr überlagern sich beide Krisen zu einer brenzligen Gemengelage; die globalen Stoffwechselprobleme der alten Verbrennungsfahrzeuge sind unübersehbar. Denn das weltweite Fördermaximum (»peak oil«) für Erdöl ist bereits erreicht, und mit weiter steigender Nachfrage und tendenziell fallender Produktion wird der Ölpreis in den nächsten Jahren fliegen lernen. Weil der Verbrennungsmotor als fahrender Ofen aus Klimagründen sowieso abdanken muss, ist das Innovationsfenster weit geöffnet. Verkehrswissenschaftler raunen von »postfossiler Mobilität«, obwohl niemand so richtig weiß, wie die genau aussehen wird. Aber langfristig, da zumindest herrscht Einigkeit, soll der elektrische Antrieb die dominierende Rolle spielen. Alle Macht den Drähten!

Das Thema ist also heiß: China, Japan, die USA, Frankreich und Deutschland haben die Elektromobilität zum Staatsziel erklärt und träumen von der weltweiten Marktführerschaft.

Doch die ersten reinrassigen Batterie-Autos der alten Automobilkonzerne schrecken mit kurzer Reichweite, vier- bis achtstündigen Ladezyklen und astronomischen Preisen eher ab. Dagegen triumphiert die Zweiradindustrie. Seit 2007 verzeichnen Elektroroller, Elektrobikes und Pedelecs einen spektakulären Verkaufsboom. Nicht nur in China. Auch in Deutschland rechnet der Zweiradindustrie-Verband für das Jahr 2010 schon mit 200 000 verkauften Elektrofahrrädern. Die Stromer sind längst nicht mehr nur für die Omas da, die nicht mehr so kraftvoll treten können. Die Käufer werden jünger, cooler, das E-Bike hat das Rentnerstigma abgestreift. »Endgeil« seien die Dinger, werben die Fahrradhändler im üblichen Vulgärsprech.

Aber brauchen wir überhaupt Batterieprothesen, solange wir noch zwei gesunde Beine haben? Der echte Rad-Junkie, für den das mit reiner Muskelkraft betriebene Fahrrad ein Stück Weltanschauung verkörpert, wird sicher kein Elektrofahrrad kaufen. Für die anderen ist der Mix aus eigener Kraft und Batterieunterstützung durchaus eine verlockende Alternative. Die Stromer machen Spaß, sie sind flott unterwegs, und der Rückenwind aus der Steckdose erweitert den Radius ganz erheblich. Und wer zur Geschäftsbesprechung nicht durchgeschwitzt vom wadenbetriebenen Drahtesel steigen will, der probiert's mal mit dem Akku. Entscheidend wird sein, sagt der Kasseler Verkehrsprofessor Helmut Holzapfel, ob die Pedelecs einen Teil des motorisierten Verkehrs ersetzen können. Das Potential dazu haben sie. Wenn Teile der Innenstädte für Verbrennungsmaschinen gesperrt werden, wie dies nicht nur in den Megacitys der Fall sein wird, sind Elektrofahrräder die ideale Ergänzung zu Tram und Metro, zu Fußverkehr, E-Rollern und Muskelfahrrad.

Aber auch das Elektroauto könnte die Mobilitätslandschaft unverhofft positiv verändern. Der Glaube, dass beim Elektroauto nur der Antrieb ausgetauscht wird und ansonsten alles weiter brummt wie seit Carl Benz' erster Spazierfahrt von 1886, ist so naiv wie zukunftsblind. Während die Umweltverbände mehrheitlich den Elektrohype als reine Alibiveranstaltung geißeln, kündigt sich beim Heiligen Blechle durch den Elektroantrieb das längst fällige *Downsizing* an. Elektroautos müssen kleiner sein, leichter, mit weniger PS unter der Haube. Ein dicker Daimler mit Elektroantrieb, das ist wie Fred Astaire in Gummistiefeln. Das von General Motors und dem chinesischen Hersteller SAIC Motors gemeinsam konzipierte »Electric Network Vehicle« zeigt die Richtung an. Die Zweisitzer sehen aus wie moderne Boxautos von der Kirmes – nur eineinhalb Meter lang und 450 Kilo schwer. Wenn schon Auto, dann so eines – bye, bye Pornoporsche. Die Abrüstung in der Tiefgarage ist beim elektrischen Antrieb jedenfalls unvermeidlich, denn Gewicht und Leistung drücken die ohnehin knappe Reichweite der Akkus noch weiter in den Keller. Und mal ehrlich: Wozu brauchen Autofahrer in Peking, Singapur, Mumbai oder Shanghai eine Kiste, die sich bei 220 km/h noch bretthart in die Kurve legt?

Gerade die Schwächen des Elektroautos sind sein großer Vorteil. Die Stromer sind für die Langstrecke untauglich, also nehmen wir den Zug. Und weil das stundenlange Aufladen lästig ist, lässt man es am besten von anderen erledigen. Der Privatbesitz an Autos wird dramatisch zurückgehen. Langfristig werden wir, wie beim Handy, per Vertrag unseren Mobilitätsanbieter auswählen. Der hat kleine Elektrofahrzeuge, Roller und Pedelecs im Angebot, die mit den öffentlichen Verkehrsmitteln gut vernetzt sind und die wir mit ein paar Mausklicks jederzeit und unkompliziert ordern und abrechnen können. Dass auch Apple in die Automobilität einsteigen will, ist da nur konsequent.

Und noch ein erfreulicher Nebenaspekt der Elektromobilität: Die Abrüstung beim Elektroauto betrifft auch den berühmten Einspritzer, den Motorblock, die Zündung, das Getriebe, den röhrenden Motorensound – all das löst sich in ein summendes Nichts auf. »Das Auto der Zukunft wird ein Neutrum sein«, jammert der *Spiegel*, »ohne Wärme, Motorengeräusche und Männlichkeit«. Na Gottseidank!

Wir sollten also nicht länger nur über den Hype des Elektroautos zetern, sondern auch die Chancen erkennen. Und als erstes die alten Strommonopolisten von den Ladestationen verjagen.

25 *Fernweh ohne Reue*

Der globale Tourismus belastet unser Klima besonders stark, aber wir reisen trotzdem. Ein Plädoyer für den verantwortlichen Umgang mit Widersprüchen.
Von Edith Kresta

Man kann natürlich wandern gehen. Im deutschen Mittelgebirge. Das ist gesund, meditativ, nachhaltig. Und unbedingt empfehlenswert! Aber das wird die Neugierde auf die Welt, auf andere Länder, andere Gerüche, andere Erfahrungen nicht ersetzen. Die Sehnsuchtsgeographie in unseren Köpfen vom Traumstrand bis zur Wüstenoase ist vielfältig und sie ist jederzeit erreichbar.

Wer dabei den Flugverkehr als Klimakiller Nummer eins anprangert, hat recht. Nach Expertenmeinung trägt der weltweite Tourismus rund fünf Prozent zu den globalen Emissionen bei. Doch die Lust am Reisen lassen sich die meisten Deutschen dadurch nicht vermiesen. Klimaschonendes Verhalten, zeigte eine repräsentative Befragung, wird im Alltag höher geschätzt als im Urlaub. Da jedoch jede Kurzreise mit mindestens 200 Kilogramm CO_2 und jede Fernreise mit bis zu vier Tonnen CO_2 zu Buche schlägt, ist das – trotz Fahrrad, Kleinwagen, Ökostrom und langlebigen Konsumgütern – ein vernichtender Schlag für jede Ökobilanz.

Als ein Ausweg aus dem Dilemma wird die Klimaabgabe auf Flüge propagiert, die heute fast jeder Veranstalter und jede Fluggesellschaft zumindest als Zusatzleistung im Programm hat. Immerhin 21 Prozent der Befragten finden diese freiwillige Abgabe gut, aber nur rund vier Prozent von ihnen haben sie schon bezahlt – das sind möglicherweise die Hoffnungsträger des »grünen« Konsums, die Lohas. Statistisch gesehen fliegen aber gerade diese wiederum am meisten.

Diese Treibhausgaskompensation hat den Vorteil, dass man sein Reiseverhalten nicht ändern muss, weder bei der Wahl des Reiseziels noch des Verkehrsmittels. Passagiere zahlen freiwillig für die von ihnen verursachten Klimagase. Die verschwinden dadurch nicht, aber das Geld wird in Solar-, Wasserkraft-, Biomasse- oder Energiesparprojekte investiert, um dort eine Menge Treibhausgase einzusparen, die eine vergleichbare Klimawirkung haben wie die Emissionen des Flugzeugs. Finanziert werden Projekte in Entwicklungsländern. Es gibt unterschiedliche Kompensationsanbieter und unterschiedliche Emissionsberechnungen. Ein guter Anbieter investiert nur in Projekte, die sicherstellen, dass CO_2-Emissionen wirklich eingespart werden, und zwar unter Berücksichtigung von Umwelt- und Sozialstandards. Empfehlenswert ist etwa der deutsche Anbieter atmosfair. Alle dort finanzierten Klimaschutzprojekte orientieren sich am internationalen »Gold Standard«, der vom WWF mitentwickelt wurde.

Bali guten Gewissens genießen, indem man einen Emissionsablass zahlt – das klingt wie sich waschen, ohne sich dabei nasszumachen. Aber auf Totalverzicht zu setzen wäre unrealistisch und für viele Länder von Kerala bis Barbados, die vom Tourismus abhängig sind, wirtschaftlich eine Katastrophe. Eine sinnvolle Formel ist: lieber seltener eine Fernreise buchen, dafür aber länger vor Ort bleiben. Denn nicht das Fernweh ist von Übel. Von Übel ist, dass zwei Wochen Pauschalurlaub in der Dominikanischen Republik mit Flug und Vollpension heute so viel kosten wie zwei Wochen im Schwarzwald. Das hat System im weltweiten Verdrängungswettbewerb der Tourismusindustrie, und Billigflieger sind die Nutznießer einer verfehlten Mobilitätspolitik. Dem müsste man mit politischen Vorgaben entgegenwirken. Immerhin will die EU nun den Flugverkehr bis 2012 in den Emissionshandel miteinbeziehen.

Wenn die meisten Touristen ihre Urlaubsentscheidungen nach dem Geldbeutel treffen, während die Malediven im Meer versinken, dann rückt die Verantwortung von Reiseveranstaltern und Fluggesellschaften in den Fokus. Die Welttourismusorganisation setzt deshalb ihre Hoffnungen auf die »Innovationskraft der Tourismusbranche« und appelliert an die ökologische und soziale Verantwortung der Unternehmen: an die Corporate Social Responsibility, kurz: CSR. Doch die großen Reisekonzerne blenden den Klimawandel immer noch fast völlig aus. Nähmen touristische Unternehmen ihre Verantwortung für eine intakte Umwelt, von der gerade sie profitieren, wirklich ernst, dann müssten sie ihr Kerngeschäft sozialer und ökologischer ausrichten. Sie müssten transparent machen, unter welchen Bedingungen eine Reise durchgeführt wird. Und sie müssten sich selbst verbindliche Emissionsziele setzen und Instrumente, Methoden und Produkte entwickeln, mit denen eine Reduktion erreicht werden kann.

Ein Schritt in die richtige Richtung ist das touristische Siegel für Unternehmensverantwortung: TourCert – eine Zertifizierung für sozial verantwortliche Unternehmensführung. Entwickelt wurde TourCert von der Fachhochschule Eberswalde zusammen mit KATE, der Kontaktstelle Umwelt und Entwicklung in Stuttgart, der Naturfreunde Internationale mit Sitz in Österreich und vom Evangelischen Entwicklungsdienst EED. Für die Einführung dieses Siegels steht vor allem der Unternehmensverband forum anders reisen (siehe Kapitel 18). Die 150 kleineren und mittleren Betriebe des Forums lassen anhand eines Leitfadens die Nachhaltigkeit ihres touristischen Angebots prüfen. Dabei werden alle Aspekte der Wertschöpfungskette eines Reiseveranstalters bis hin zur Geschäftsstelle durchleuchtet. Ein Kriterium ist auch: Wenn man eine Flugreise von über 2 000 Kilometern macht, so sollte diese nicht kürzer als 14 Tage sein.

CSR-Siegel oder Fair-Trade-Zertifizierung sind nachhaltige Schritte zu mehr Qualität und Verantwortung im Tourismus. Sie setzen neue Standards, für das Klima genauso wie für die innerbetriebliche Fairness. Und sie entlasten den Verbraucher, der die Wertschöpfungskette ohnehin nicht überblicken kann.

Atmosfair: www.atmosfair.de
Fair Trade in Tourism South Africa: www.fairtourismsa.org.za
KATE: www.kate-stuttgart.org
Naturfreunde Internationale: www.nfi.at
Evangelischer Entwicklungsdienst: www.eed.de
Respect, Institut für integrativen Tourismus & Entwicklung: www.respect.at
Arbeitskreis Tourismus und Entwicklung in der Schweiz: www.akte.ch

26 *Bäume pflanzen Leben*

Pflanzenwachstum statt Wirtschaftswachstum könnte das Klima retten – nur will es niemand bezahlen. Deshalb brauchen wir zivilgesellschaftliche Baumpaten und Artenvervielfältiger. Von Hans-Peter Schmidt

Wenn auf jedem Hektar Acker ein hundert Meter langer Baumstreifen gepflanzt würde, was nur drei Prozent der landwirtschaftlichen Nutzfläche entspricht, könnten damit fast 20 Prozent der europäischen CO_2-Emissionen fixiert werden – also in etwa die Summe, die die EU bei den Klimaverhandlungen in Cancún bis 2020 einzusparen versprach. Ungefähr dasselbe Ergebnis könnte erzielt werden, wenn alle europäischen Äcker auf pfluglosen Anbau und Gründüngung umgestellt würden. Oder wenn jedes Jahr auf einem Zehntel dieser Flächen einmalig zehn Tonnen Biokohle pro Hektar in den Boden eingearbeitet würden (siehe auch Kapitel 29). Und, um alle diese Berechnungen noch zu toppen: Wenn jeder Mensch auf Erden täglich einen Baum pflanzte, würde der Atmosphäre nach Berechnung des US-Wissenschaftlers Frank Michael bereits nach zwei Jahren so viel CO_2 entzogen, dass eine neue Eiszeit beginnen würde.

Die heutige agroindustrielle Landwirtschaft ist indes sogar ein Klimakiller und erzeugt 15 bis 20 Prozent der Treibhausgasemissionen. Ohne an Produktivität zu verlieren, könnte sie jedoch soviel Kohlenstoff in den Böden und Bäumen speichern, dass Europa allein dadurch wieder nahezu klimaneutral würde. Die so erzielte Klimaneutralität wäre allerdings nur eine willkommene Nebenwirkung, denn der Haupteffekt dieser naturnahen Maßnahmen wäre die Rettung der Biodiversität und damit der ökologischen Balance unserer Lebensräume. Statt nackter oder einzig mit Monokulturen bestellter Böden würden bunte Zwischenkulturen und zahlreiche, untereinander vernetzte Hecken, Raine und Baumstreifen die Artenvielfalt im ländlichen Raum in phänomenaler Weise fördern. Es wäre so einfach, die Welt zu retten, man müsste der Natur nur die Chance dazu geben. Denn anders als wir kümmert die Natur sich nicht um ein Problem nach dem anderen, sondern um alle zugleich. Die einzige Schwierigkeit damit ist: Niemand würde daran verdienen. Zwar wäre die Luft reiner, die Gewässer sauberer, die Böden fruchtbarer, die Biodiversität höher, die Lebensmittel gesünder, aber es ließe sich nicht in Profit und Bruttosozialprodukt ummünzen. Und das kann sich kein Land leisten!

Aus diesem Grund subventionieren die Volkswirtschaften auch lieber Elektroautos, Gezeitenkraftwerke, Staudämme, Atomendlager und dergleichen, so dass sich nach dem berühmten Win-Win-Szenario der Moderne neben dem Guten auch Wirtschaftswachstum und Anlagerenditen generieren lassen. Für die Leistungen ökologischer Landwirtschaft und intelligenter Bodennutzung hingegen gibt es nicht einmal Klimazertifikate, da diese angeblich zu schwierig zu berechnen wären.

Was also tun? Wenn der Staat es nicht schafft, das Naheliegende zu tun, weil es sich nicht als Wirtschaftsförderungsmaßnahme deklarieren lässt, so muss es die Zivilbevölkerung selbst in die Hand nehmen, ihren natürlichen Lebensraum zu bewahren. Sicher, vier Millionen Berliner können nicht jeden Tag einen Baum pflanzen. Aber vier Millionen Bäume würden in Berlin gewiss noch Platz finden. Einzig die Stadtverwaltung hätte nicht die Mittel, sich um die Pflanzung und Pflege der Bäume zu kümmern. Also braucht es zivilgesellschaftliche Baumpaten.

Jeder neue Baum, jeder neue Strauch, jede Hecke ist eine Hilfeleistung für die Natur, damit sie uns besser erträgt und die Folgen unseres geheiligten Konsums sühnt. Überall in den Städten und Dörfern, auf Parkplätzen, an Haltestellen, auf Fußwegen, Kreuzungen, Spielplätzen, in Vorgärten, auf Balkons, in Hinterhöfen und auf Dächern lässt sich Platz für neue Bäume und Sträucher finden. Jedes Pflanzen eines Baumes oder einer Hecke ist ein Akt des Widerstands gegen die Entfremdung des Menschen durch die Doktrin des Wirtschaftswachstums. Bäume reinigen kostenlos die Luft und das Wasser, regulieren die Luftfeuchtigkeit, temperieren die Sommerhitze, fangen Staub, holen CO_2 aus der Atmosphäre und bieten Lebensraum für unzählige Insekten, Vögel und regulierende Mikroorganismen. Pflanzen erbringen Dienstleistungen, die allen nützen, aber niemandem Profit einbringen – weshalb auch alle sich um deren Pflege kümmern müssen, anstatt darauf zu warten, dass es der Staat mit den Steuergeldern aus dem Wirtschaftswachstum organisiert.

Was kann ich selbst tun?

Mein Vorschlag lautet deshalb, dass Bewohner in jedem Stadtviertel und jedem Dorf Pläne aufstellen, auf denen sie alle Orte einzeichnen, wo ein Baum, Strauch oder Blumenstreifen gepflanzt werden könnte. Gemeinsam mit der Gemeinde wird daraus eine Pflanzliste, in die sich die Bewohner eintragen, um jeweils die Patenschaft für einen Baum oder Strauch zu übernehmen. Die Patin oder der Pate kauft und pflanzt den im Bepflanzungsplan empfohlenen Baum und übernimmt für eine vereinbarte Zeit die Pflege. Jeder Baum wird zu einer biologischen Heißzone, und um seinen hoffentlich nicht einbetonierten Stamm wachsen Wildblumen. Wenn es sich um Obstbäume handelt, an deren Fuß Aromakräuter gepflanzt werden, so gehören die Früchte und Küchenkräuter den Bewohnern, die sich im Vorbeigehen für den Eigenbedarf bedienen dürfen. Bio, versteht sich.

Da die Artenvielfalt in den Städten inzwischen im Vergleich zu den agroindustriellen Monokulturen auf dem Land höher ist und mit diesen Maßnahmen noch weiter wachsen würde, werden die Stadtbienen in den Bienenkästen auf Balkons, Dächern und Fenstersimsen nicht nur mehr Honig als auf dem Land produzieren, sondern in den pestizidfreien Städten ihre eigene Art vor dem Aussterben bewahren.

Und wenn in den Städten dann wirklich kein Platz mehr für einen weiteren Baum zu finden ist, gehen wir hinaus aufs Land und pachten Ackerstreifen von den Bauern, um Bäume, Hecken und Hotspots für die Artenvielfalt zu pflanzen. Auf dass die Bienen und Schmetterlinge der Städte nicht mehr krepieren, wenn sie sich mal nach draußen in die Zone der Nahrungsmittelproduktion verirren.

http://urbanacker.net/
http://gen.ecovillage.org/
http://www.renewablecity.org
http://www.guerrillagardening.org/
http://urbane-landwirtschaft.net
http://www.ruaf.org/
http://www.urbanagriculture-news.com/
Buchtipp: Luc Mougeot: *Agropolis: The Social, Political and Environmental Dimensions of Urban Agriculture,* London 2005

27 *Stadtgärten, weltweit im Trend*

30 Prozent des Bedarfs einer Stadt könnten durch selbst gezogenes Obst und Gemüse gedeckt werden.
Von Kathrin Burger

Bienen und Hummeln summen geschäftig, Gewürzkräuter verströmen einen mediterranen Duft, die Tomaten hängen rot und schwer an ihrem Strauch. Auch der Lauch, der Salat, die

Bohnen kann man bald ernten. Und dies ist kein Naturszenario, sondern Alltag in zahlreichen Stadtgärten, die es mittlerweile in Deutschland und anderen Industrienationen gibt – in New York, Detroit, Chicago, Toronto, Vancouver oder London. Der bekannteste deutsche Obst- und Gemüsegarten ist der Prinzessinnengarten in Berlin, München hat dafür mehr als 50 Hektar »Krautgärten«. Was einst spießige Schrebergärten waren, sind heute soziale und ökologische Treffpunkte. Zudem eignen sich Hinterhöfe, städtische Brachflächen oder begehbare Dächer, aber auch Schul- oder Kitagärten für den Eigenanbau.

Und wer hier genüsslich in der Erde wühlt, sich mit Entstehen und Vergehen der Nahrungspflanzen beschäftigt, mit Bestäubern und Witterungen, der initiiert viel mehr als ein verstaubtes Hobby. Denn: Transport und Verarbeitung eines Lebensmittels vom Bauernhof auf den Teller verbrauchen durchschnittlich viermal soviel Energie wie die Produktion des Lebensmittels selbst – das ist wenig nachhaltig. Gleichzeitig fungieren Stadtgärten als CO_2-Senken. Vor allem Bäume binden viel Kohlendioxid. Zudem klimatisieren sie die Städte. Bei heißen Temperaturen kühlen Pflanzungen, in der kalten Jahreszeit helfen sie Heizenergie sparen. Die Subsistenzwirtschaft ist also ressourcen- und klimaschonend.

Allerdings nur, wenn die Gärten nicht mit synthetischem Dünger, der energieaufwendig produziert werden muss, sondern mit biologischen Zubereitungen nährstoffreich gemacht werden. Hierzulande könnten 30 Prozent des Bedarfs einer Stadt durch eigens gezogenes Obst und Gemüse gedeckt werden, glauben Experten. Ein weiterer positiver Nebeneffekt: Viel städtisches Grün mindert die Feinstaubbelastung. Dies bedeutet aber gleichzeitig, dass städtische Hobbybauern sich auch über die Bodenqualität ihrer Parzelle bei der zuständigen Behörde informieren sollten. Böden in Städten können durchaus mit Schwermetallen belastet sein. Bei Brachflächen sollte man auch die Eigentumsverhältnisse klären, sonst ist der Anbau illegal und die Ernte nicht mehr sicher.

Trotzdem lohnt sich das Werkeln im Grünen. So erhöht sich durch das Anlegen von Stadtgärten auch die Biodiversität, weil Gartenfreunde gerne nach unbekannten, alten oder sehr robusten Sorten suchen – schließlich hat man auf dem Stadtacker nicht die kontrollierbaren Verhältnisse wie etwa in einem Gewächshaus, in dem man Bewässerung, Klima und Luftfeuchte gezielt steuern kann. Zudem macht es mehr Spaß, violette oder gelbe Tomaten zu ernten, die sich auch durch ihre wilden Formen und feinen Aromen von der gemeinen Supermarkttomate abheben. Dieses Phänomen beobachtet man weltweit: Amaranth etwa, ein Getreide aus den Anden, braucht kaum Wasser, hat einen sehr hohen Eiweißgehalt und ist neuerdings häufig in lateinamerikanischen Stadtgärten zu finden – und zunehmend auch bei uns. In Beijing gedeihen etwa nur 50 verschiedene Pflanzenarten in angelegten Parks, in den Stadtgärten sind es mehr als 200.

Nichts spricht übrigens dagegen, Nutztiere in der Stadt zu halten. Hühner sind zum Beispiel unkomplizierte Gesellen, brauchen nur ein wenig Schutz vor Feinden und lohnen es einem mit garantiert biologischen Eiern – der Renner bei den US-amerikanischen Locavores (»Lokalfresser«). In den Stadtgärten Havannas findet man aber auch Bienenstöcke, Ziegen, Schafe, Kaninchen und Schweine.

Dies ist übrigens ein großes Plus der städtischen Landwirtschaft: Man weiß Bescheid über die Lebensmittel, die man isst. Über Dünger, über Haltung, über Sorte und Rasse. Und: Regionaler geht es nicht. Genau das macht den besonderen Reiz aus, schließlich ist die Lebensmittelproduktion mittlerweile so etwas wie eine Black Box – täglich geht man im Supermarkt einkaufen, über die Hintergründe erfährt freilich nur, wer sich wirklich interessiert. Moderne Städter sind gemeinhin hochgradig von ihren Nahrungsmitteln entfremdet. Kaum jemand weiß noch, dass Beeren oder Tomaten nicht das ganze Jahr Saison haben. Viele Kinder denken, Hühner legten mehr als sechs Eier am Tag. Die Kids können auch Brombeeren von Kirschen häufig nicht geschmacklich unterscheiden. Darum sind Stadtgärten vor allem auch für Kinder spannend. Diverse Projekte gibt es schon in städtischen und privaten Kitas. Dabei lernen Kinder etwa, wie das mit den Blumen und Bienen ist, wozu Regenwürmer gut und warum Schnecken so verhasst sind. Aber auch den Klimawandel kann man am Beispiel Garten zur Sprache bringen. Zudem essen Kinder meist lieber, was sie selbst gepflanzt und geerntet haben. Und wenn die Karotte allzu klein und mickrig gerät, kann man gemeinsam überlegen, woran das liegen könnte. War's die Sorte, die steinige Erde, der viele Regen?

Stadtgärten, die als soziale Treffpunkte dienen, stärken letztlich auch den nachbarschaftlichen Zusammenhalt. Langzeitarbeitslose können hier eine Beschäftigung finden, Flüchtlingen und Migranten werden Kontakte und Mitwirkungsmöglichkeiten geboten – die Gärten im Hinterhof sind also auch gelebte Integration (siehe auch Kapitel 28). Und aus gemeinsamem Säen und Bangen um die Ernte entstehen nicht selten lange Freundschaften.

www.prinzessinnengarten.net
www.urbanes-wohnen.de
www.guerillagardening.org

28 *Wurzeln schlagen in der Fremde*

Wir haben in Oberhausen einen interkulturellen Garten gegründet. Er fördert soziale Inklusion und hilft gegen Armut, Hunger, Diskriminierung und die »Vertafelung« der Gesellschaft. Von Ellen Diederich

In etwa 80 deutschen Städten gibt es inzwischen interkulturelle Gärten. Weltweit gesehen existieren noch viel mehr, von New York bis Tokio, von Buenos Aires über Barcelona bis Kapstadt. Manche Menschen haben sich Brachflächen genommen, sie besetzt und dort Gärten angelegt. Einige nennen sich die »grüne Guerilla«. Wo die Gärten entstehen, verbessern sich Kommunikationsstrukturen, Gewalt geht zurück, es werden mehr Räume für Kinder geschaffen. Die Menschen arbeiten und feiern auf einer gleichberechtigten Ebene miteinander.

Im Jahre 2008 wuchs die Idee, einen interkulturellen Garten in unserer Stadt Oberhausen zu schaffen. Dahinter steht die Erfahrung von Kinderarmut. In meinem Stadtviertel, Oberhausen Mitte, leben 48 Prozent der Kinder unterhalb der Armutsgrenze. Ich weiß das auch, weil ich zwei Jahre lang ein Friedensprojekt an der Grundschule in meiner Straße durchgeführt habe. An dieser Schule haben 80 Prozent der Kinder einen Migrationshintergrund. Manchmal zupften mich Kinder am Ärmel und fragten verschämt: »Hast du etwas zu essen dabei? Ich habe Hunger!« In dem Haus, in dem ich lebe, bin ich die einzige Deutsche, alle anderen sind Migrantenfamilien mit kleinen Kindern. In der Schule und über meine Nachbarn erfahre ich hautnah, wie wenig die Familien zu essen haben. Ich bekomme mit, wie hoch Isolation und Perspektivlosigkeit von Kindern und Erwachsenen, Flüchtlingen, Erwerbslosen und RentnerInnen nahe der Armutsgrenze sind.

»Hartz IV« heißt die neue Krankheit, die sich seit dem 1. Januar 2005 epidemieartig bei Kindern, Jugendlichen und Erwachsenen ausbreitet. Ursache: soziale Ungerechtigkeit. Symptom: Armut. Nimmt man die römische Ziffer IV als Buchstaben, so heißt »Hartz IV« abgekürzt »HIV«. Es gibt durchaus Parallelen zwischen Aids, dem Status »HIV-positiv« und »Hartz IV«: Ausgrenzung, keine Zukunftsperspektiven, Verweigerung von Heilung, von bezahlbaren Lösungen.

Viele dieser Menschen sind abhängig von den Lebensmitteltafeln der Sozialeinrichtungen, um ihre Nahrungsmittelsicherheit zu garantieren. Wir sind immer stärker auf dem Weg in eine »Vertafelung der Gesellschaft«. Die Bewegung für interkulturelle Gärten aber sagt hier: stopp! Wir lassen nicht zu, dass man uns trennt, in MigrantInnen, AsylbewerberInnen, arme Kinder, Erwerbslose, NiedriglohnbezieherInnen. Wir wollen voneinander lernen und zusammen ein gutes Leben anstreben. Unser Garten ist ein Zeichen gegen die »Vertafelung der Gesellschaft«. An den Tafeln werden Almosen verteilt, die abhängig machen. Wer einen interkulturellen Garten anlegt, nimmt dagegen die Geschicke in die eigene Hand und gewinnt ein Stückchen Unabhängigkeit zurück.

In Oberhausen haben wir zwei Jahre lang mit der Stadt verhandelt, um ein Stück Land für den Garten zu bekommen. Inzwischen haben wir es: 2100 Quadratmeter, direkt am Kaisergarten, dem größten Park Oberhausens gelegen. Unterstützung haben wir von der Stiftung Interkultur in München bekommen – sie koordiniert bundesweit die interkulturellen Gärten –, aber auch von der Emschergenossenschaft, dem Treff 200 und der Stadt.

Wir haben uns entschieden, einen Garten in erster Linie für Frauen und Kinder anzulegen, weil Migrantinnen, erwerbslose Frauen oder Bewohnerinnen von Frauenhäusern noch stärker als Männer gesellschaftlich isoliert werden. Männer sind eingeladen, mitzuarbeiten. Ich bin in alle Sprachkurse für ausländische Frauen und zu allen internationalen Treffen gegangen und habe für die Idee des Gartens geworben. Heute sind es Frauen aus der Türkei, Pakistan, Chile, dem Libanon, Sierra Leone, Griechenland und Deutschland, die sich in diesem Projekt treffen.

»Interkulturelle Gärten sind Gärten, in denen Menschen aus verschiedenen Ländern und Deutsche zusammen Land bearbeiten, Nahrung anbauen, gemeinsam arbeiten, feiern, sich kennenlernen«, schreibt Christa Müller von der Stiftung Interkultur in ihrem Text »Wurzeln schlagen in der Fremde«. Und weiter: »Die Menschen aus verschiedenen Ländern zeigen, wie und welche Gartenarbeit sie aus ihren Heimatländern kennen, was sie angebaut haben. Sie können ein Stück der eigenen Kulturen wieder beleben, es entsteht ein gleichberechtigtes Geben und Nehmen, ein Stück Selbstorganisation, Wiedergewinnung von Würde und Partnerschaften. Durch den Kontakt mit der Erde, mit dem lebendigen Prozess, kommt es auch häufig zur Auflösung von Erfahrungen mit Krieg, Flucht, Vertreibung und Flüchtlingsschicksal. Gemeinschaftliche Gartenarbeit erfüllt Bedürfnisse nach Kontakt, nach Sich-Umgeben mit Schönheit und Lebendigkeit, nach Wachstum, nach selbstbestimmter Gestaltung.«

Im Jahr 2010 sind wir mit den Vorarbeiten beschäftigt gewesen. Ein Bodenaustausch von 30 Zentimetern musste vorgenommen werden, weil der Boden belastet war. Kaninchen fraßen die erste Saat auf, so dass wir gezwungen wurden, einen 30 Zentimeter in die Erde ragenden Kaninchenzaun zu ziehen. Wir haben Gartengeräte besorgt, das Gerätehaus eingerichtet. Das ganze Gelände musste umgegraben, mit Gründünger versehen und so für die eigentliche Arbeit im Jahr 2011 vorbereitet werden.

Alle Frauen haben eine Parzelle bekommen, ein großes Beet für einen gemeinsamen Kräutergarten haben wir vorbereitet.

Wir werden einen Teil des Gartens den Kindern zur Verfügung stellen, wo sie gemeinsam etwas anbauen können. Eine Streuobstwiese mit Obst- und Nussbäumen ist geplant, entlang der Zäune werden wir Beerensträucher pflanzen. Im Frühjahr geht es dann richtig los mit der Gartenarbeit. Die Lebensmittellage der Familien wird sich verbessern, wir werden auf Augenhöhe voneinander lernen und mehr Gemeinsamkeit erreichen.

www.stiftung-interkultur.de
www.anstiftung-ertomis.de
www.internationale-gaerten.de

29 *Schwarzerde bekämpft Hunger und Klimakrise*

Terra Preta kann Hunger, Wüstenbildung und Klimakrise gleichzeitig bekämpfen. Jede Hobbygärtnerin kann sie selbst herstellen – sogar auf dem Balkon.
Von Ute Scheub

Alle Erdbewohner müssen essen. Aber dem Boden, aus dem die Nahrung stammt, geht es dramatisch schlecht. Derzeit wird durch Raubbau, Klimakrise und Agroindustrie weltweit 6 000-mal so viel Humus ab- wie aufgebaut. Rund 1,5 Milliarden Kleinbauern ernten immer weniger, vor allem in Afrika, viele müssen hungern. Doch das vergessene Wissen um die Herstellung von »Terra Preta do Indio«, zu Deutsch: »Indianer-Schwarzerde«, kann die ressourcenverschwenderische Landnutzung nachhaltig verändern und Hunger, Armut, Wüstenbildung und Klimakrise gleichzeitig bekämpfen.

Im Jahr 1542 befuhr der spanische Conquistador Francisco de Orellana den Amazonas, um das legendäre El Dorado zu suchen. Er berichtete von riesigen Uferstädten, in denen Millionen Indios lebten. Und hatte tatsächlich ein El Dorado gefunden: eine fruchtbare Gartenstadt-Kultur, die auf Terra Preta do Indio basierte, dem »schwarzen Gold der Erde«. Das Wissen um ihre Herstellung, die den nährstoffarmen Regenwaldboden zu einem der fruchtbarsten Böden der Welt verwandelt, ging jedoch mit der Ausrottung der Ureinwohner verloren. Die bis zu 7000 Jahre alten und bis zu zwei Meter dicken Schwarzerdeschichten am Amazonas bestehen aus einer Mischung von Holzkohle, tierischen und menschlichen Exkrementen, Knochen sowie organischen Abfällen, durchsetzt mit Tonscherben. Der Humusanteil kann bei zehn bis 20 Prozent liegen, gute Ackerböden kommen gerade mal auf drei Prozent.

Die Herstellung von Terra Preta wurde von deutschen Wissenschaftlern ab 2005 experimentell wiederentdeckt. Das Verfahren ist erstaunlich einfach: Milchsäurevergärung plus Holzkohlestaub und anschließende Kompostierung. Zuerst sammelt man Küchen- und Gartenabfälle in luftdichten Behältern, etwa Plastikeimern, und presst sie mit Händen oder Füßen. Dadurch kommt die Milchsäurefermentierung in Gang – eine Technik, die seit Jahrtausenden zur Nahrungskonservierung genutzt wird, etwa bei Sauerkraut. Gibt man auf zehn Teile Abfall einen Teil feine Holzkohle hinzu, siedeln sich im »Haus« ihrer schwammartigen, porösen Struktur komplexe Lebensgemeinschaften von Mikroorganismen an. Zudem bindet die Kohle Schadstoffe und unterdrückt Fäulnis und Krankheitserreger. Es bildet sich eine Silage, die in einem Gartenkompost oder in einer Balkonkiste Regenwürmer und Bodenorganismen nährt.

Zum Dank scheiden diese schwarze Erde aus. Wenn man sie im Garten ausbringt, wirkt die Holzkohle wie ein Akku im Bodenleben: Sie speichert Energie, Wasser und Nährstoffe. Es bildet sich Dauerhumus. Pflanzen werden nicht mehr industriell zwangsernährt, sondern erhalten in Symbiose mit der Biokohle bedarfsgerecht ihre Lebensstoffe. Man kann wesentlich mehr und sicherer ernten, die Pflanzen sind größer, stabiler und gesünder. Weltweit angewandt, könnte man damit die gesamte Dünger- und Agroindustrie überflüssig machen, und die Gentechnik sowieso.

Und warum wirkt das gegen die Klimakrise? Jede Pflanze braucht für den Aufbau von Biomasse Kohlendioxid und setzt es beim Absterben wieder frei. Wenn man Pflanzenreste verkohlt, verwandelt sich 25 bis 50 Prozent des darin enthaltenen Kohlenstoffs nicht in das Treibhausgas CO_2, sondern in stabile Holzkohle. In die Erde verbracht, wird der Klimakiller zum schwarzen Gold, Dauerhumus entsteht. Kohlenstoff wird langfristig im Boden angereichert, der seinerseits Wasser speichert.

Moderne Pyrolyse-Anlagen können Pflanzenabfälle so gut verkohlen, dass der Luft mit jedem Kilo Biokohle 3,6 Kilo Kohlendioxid entzogen werden. Diese Rechnung geht aber nur auf, wenn *Abfälle* verkohlt werden und nicht etwa *Bäume*. In Indien planen Agrokonzerne die Verkohlung von Wäldern – ein klarer Missbrauch dieses Verfahren. Auch die direkte Ausbringung von Biokohle auf Felder, wie sie unter dem Namen »Biochar« in den USA erprobt wird, ist nicht sinnvoll, weil dem Boden nur »Häuser« zugesetzt werden, aber keine »Bewohner«, also Mikroorganismen. Nur im Kompost beziehungsweise im regionalen Stoffkreislauf wird aus toter Holzkohle ein lebendiger Mikrokosmos.

Im Prinzip kann jede Hobbygärtnerin und jeder Kleinbauer Biokohle selbst herstellen – aus Laub, Zweigen, Grasschnitt, Kokosschalen, Reishülsen, Maiskolbenspindeln, Schilf, Holzhackschnitzeln, Rückständen aus Biogasanlagen und dergleichen. Einfache Öfen, mit denen man grillen und Holzkohle produzieren kann, sind in Erprobung, und es ist nur eine Frage der Zeit, wann sie auf den Markt kommen.

Inzwischen experimentieren weltweit Wissenschaftler und Praktikerinnen mit Terra Preta – Landwirte im bayerischen Chiemgau, in Baden-Württemberg und Brandenburg, im österreichischen Kaindorf und im Schweizer »Delinat-Institut«. Forscher testen, ob sie Wüsten und Trockenböden damit begrünen können – die Ergebnisse lassen hoffen.

Was kann ich selbst tun?

Schwarzerde ist in jedem Kleingarten und sogar auf Balkons in Kompostkisten herstellbar. Hobbygärtner, Erwerbslose und SozialhilfeempfängerInnen könnten damit eigene Lebensmittel erzeugen. Auch ich selbst produziere Terra Preta in meinem – keineswegs luftdichten – Lattenkompost in einem nur fünf Meter breiten Berliner Kleingarten. Ich vermische zehn Teile Küchen- und Gartenabfall mit einem Teil Holzkohlenstaub und trampele darauf herum, um die Milchsäurevergärung in Gang zu setzen und ein einigermaßen luftdichtes Milieu herzustellen. Nach etwa einem halben Jahr war meine erste Schwarzerde fertig – locker, tiefschwarz und nach Wald duftend. Meine Salate wuchsen wunderbar und schmeckten sehr lecker.

www.ithaka-journal.net
www.delinat-institut.org
www.mythopia.ch
www.triaterra.de (dort kann man Holzkohlenstaub für die Eigenproduktion bestellen)
www.das-gold-der-erde.de (Faule können dort fertiges Terra-Preta-Substrat bestellen)

30 *Quadratgärtnern – autonom werden mit eigenem Gemüse*

Ein 1,20 mal 1,20 Meter kleiner Minigarten kann drei bis vier Ernten im Jahr bringen und eine Person mit Gemüse ernähren. Von Marko Heckel

Jedes Frühjahr befällt Menschen das Gärtnerfieber. Da werden viel zu große Beete angelegt, hunderte von Kopfsalaten gezogen, ganze Samentüten Kürbis gesteckt oder endlose Reihen Radieschen und Mohrrüben zu dicht gesät. Im Frühjahrsfieber überschätzt man seine eigenen Kräfte und unterschätzt die Arbeit, wenn gejätet, geerntet und bewässert werden muss. Schon das rechtzeitige Vereinzeln der Pflänzchen verpassen viele. Spätestens mit Anfang des Sommers will man mal an den See. Das Unkraut nimmt überhand. Zu viele Salatköpfe schießen in einer Woche. Und: Alle Gärtner klagen über schlechte Böden: zu sandig und trocken, zu schwer oder zu steinig und immer zu wenig Humus. Es dauert vielleicht sieben Jahre, einen guten Gartenboden aufzubauen. Sechs Jahre plagt man sich, und dann zieht man um.

Mel Bartholomew, ein US-Ingenieur aus Utah, hat das auch bei seinen Landsleuten beobachtet. Seine Konsequenz daraus war die Entwicklung des »Square Foot Gardening« (Quadratfußgärtnern). Quadratgärtnern kombiniert mehrere bekannte und einige neue Ideen zu einem einfachen, erfolgreichen und Freude machenden Kleingarten. Das Wichtigste ist Psychologie: die Beschränkung auf eine kleine Fläche und ein klares Muster, um diese intensiv zu nutzen. Terra Preta (siehe das vorherige Kapitel) passt perfekt dazu.

Nachdem ich auf einem Vortrag vom Quadratgärtnern gehört hatte, habe ich sofort an meiner Terrasse ein 2,70 mal 1,20

Meter breites Beet mit alten Dachziegeln umgrenzt. Ich hatte keine Terra Preta oder Kompost zum Befüllen, deswegen habe ich die Flächenkompostierung gewählt. Ich füllte das Beet mit zwanzig Zentimeter hohem Flächenkompost aus Heu, Stroh, Küchenabfällen, altem Tierfutter und Ähnlichem. In jede Schicht und oben drauf kam TriaTerra-Streu und Erde. Das Ganze habe ich intensiv mit einer Lösung aus Effektiven Mikroorganismen (EM) angegossen. Wie Sauerkrautsaft oder Sauerteig, so sind auch EM eine Mischung von Milchsäurebakterien, Hefen und Photosynthesebakterien, die eine positive Mikrobiologie schaffen. Genauso wie Sauerkrautsaft für unsere Verdauung gut ist, hilft das milchsaure EM dem Boden und Kompost bei der Verdauung. Dazu kamen noch je Quadratmeter zwei bis vier Liter verdünnter Urin zur Düngung, damit die Holzkohle und das Gesteinsmehl aus dem TriaTerra-Streu sich mit Nährstoffen aufladen. Dann habe ich aus Leisten ein 30 mal 30 Zentimeter großes Quadratmuster zusammengeschraubt. In diese kleinen »Quadrate« kamen Saatpflänzchen und Samen.

Quadratgärtnern ist für mich ein echter Durchbruch in der Gärtnerkarriere. Ich neige auch dazu, zu viel oder zu einseitig zu pflanzen. Einmal hatte ich einen halben Hektar Buschbohnen angelegt, der von Rehen gefressen wurde. Jetzt habe ich auf drei Quadratmetern 20 verschiedene Kulturen. Und wenn mal aus einer Quadratsaat nichts wird, pflanze ich sofort nach. Das Quadratbeet deckt locker meine Grundversorgung: Ich ernte täglich Kräuter, dreimal in der Woche Salat und zweimal in der Woche Gemüse.

Wie kann ich selbst quadratgärtnern?

Mit Quadratgärtnern kann man die Nahrungsmittelproduktion wieder in der Stadt ansiedeln. Auf einer Terrasse, im Hinterhof oder auf dem Dach wird sie auch für Stadtmenschen mit wenig Platz, Zeit und Wissen möglich. Man kann die Quadratform aus Brettern oder großen Blumentöpfen auch auf blanken Stein setzen und mit 20 Zentimetern guter Erde oder Kompostmaterial auffüllen. Auf jedem Balkon ist zumindest Platz für ein 60 Zentimeter breites Beet. Wer sich nicht bücken will, kann es gleich in Tischhöhe auf Stelzen anlegen.

- Das Grundbeet (1,20 mal 1,20 Meter) ist aufgeteilt in vier mal vier, also 16 Quadrate (30 mal 30 Zentimeter). Es darf länger sein, aber nicht breiter, damit es bequem von den Seiten bearbeitet werden kann.
- Das Beet wird mit Brettern oder Dachziegeln abgegrenzt. Dadurch kann man 20 Zentimeter gute Erde auftragen, es wächst kein Unkraut hinein, und man tritt nie auf das Beet.
- Die 16 Quadrate werden unterschiedlich und dicht bepflanzt oder in Einzelkornaussaat besät. Je Quadrat beispielsweise vier Kohlrabi, ein Brokkoli, vier Mangold, ein Blumenkohl, vier Sellerie, 16 Radieschen, neun Buschbohnen, 16 Porree, 16 Zwiebeln, neun Spinat, eine Kartoffel. An der sonnenabgewandten Nordseite hoch wachsende und kletternde Pflanzen, etwa eine Tomate, acht Stangenbohnen, ein Kürbis mit Klettergerüst, acht Erbsen, ein Mais.
- Beerntete Quadrate werden mit Terra Preta oder Kompost aufgefrischt und sofort wieder je nach Saison bepflanzt oder besät. So schafft man ohne große Planung Fruchtfolgen, Mischfruchtanbau und drei Ernten im Jahr (etwa Radieschen/Buschbohnen/Rosenkohl oder Spinat/Sellerie/Feldsalat). Mit etwas Geschick können sogar vier Ernten möglich werden.
- Das Quadratbeet liegt so nah wie möglich an der Küche oder Haustür. Jeder Meter zählt. Dann sieht man jeden Tag und jede Stunde, was geerntet, gejätet oder nachgepflanzt werden kann. Durch die vielen unterschiedlichen Pflanzen lernt man unglaublich schnell unglaublich viel. Obwohl im Som-

mer der See ruft, ist das Quadratbeet im »Vorbeigehen« immer gepflegt, beerntet und neu besetzt.

www.triaterra.de
Buchtipp: Mel Bartholomew: *New Square Foot Gardening*, Brentwood 2005

31 *Mein abwasserloses Haus*

Exkremente mit einem wertvollen Lebensmittel wie Trinkwasser wegzuspülen, ist ökologischer und ökonomischer Wahnsinn. Es gibt Alternativen.
Von Haiko Pieplow

Ohne Wasser kein Leben, Trinkwasser ist kostbar, heißt es. Tausendmal gehört, alle nicken. Doch beim genauen Hinschauen erweist sich die als zivilisatorische Leistung gewertete Einführung von Spültoiletten und Kläranlagen als folgenschwere Fehlentwicklung für Wasser- und Naturhaushalt sowie die öffentlichen Finanzen. Wir vermischen Urin und Fäkalien mit sehr viel Trinkwasser, einem kostbaren Lebensmittel, und spülen sie gebührenpflichtig über ein teures Kanalsystem in eine zentrale Kläranlage. Dort wird mit viel Strom und technischem Aufwand das Abwassergemisch behandelt. Danach wird das Wasser in Flüsse und Meere geleitet und steht bei Trockenheit nicht mehr zur Verfügung. Wertvolle Stoffe wie Kohlenstoff, Stickstoff und Phosphor gehen verloren und belasten die Umwelt.

Es ging über Jahrtausende auch anders. Vor der Industrialisierung waren Urin und Fäkalien von Mensch und Tier wertvolle Dünger. Es gab in vielen Städten gut funktionierende Kübelsysteme und Humus-Düngerfabriken. Mit der zentralen Trinkwasserversorgung kam dann aber immer mehr Wasser in die Kübel, die Düngerherstellung aus dem verdünnten Schmutzwasser wurde immer problematischer.

Als ich mich an die Planung des Passivhauses für unsere Familie am Rande von Berlin machte, wollte ich darin auch den nachhaltigen Umgang mit Wasser integrieren. Regen schickt, wie die Sonne, keine Rechnung. Meine Recherchen ergaben: Ein abwasserloses Haus ist technisch grundsätzlich möglich. Abwasserlos heißt für mich, dass verschmutztes Wasser auf meinem Grundstück aufbereitet wird und alle dabei gewonnenen Stoffe wieder einer sinnvollen Nutzung zugeführt werden. Es soll kein Regenwasser von meinem Grundstück abgeleitet werden. Der Trinkwasserverbrauch sollte dadurch deutlich, aber ohne zu großen technischen Aufwand und Komfortverzicht reduziert werden. Nach einigem Suchen war die richtige Firma für die Umsetzung gefunden.

Wir nutzen Trinkwasser nur noch für Trinken, Küche und Dusche. Regenwasser vom Dach wird in einer Zisterne im Wintergarten gesammelt und dient zur Bewässerung, Wäschewaschen und Spülen von Wasserspartoiletten. Unser Trinkwasserverbrauch beträgt so etwa die Hälfte des Pro-Kopf-Durchschnittes in Deutschland.

Das verschmutzte Wasser fließt durch Schwerkraft in eine Feststoffabtrennung – ein am Haus eingegrabener Behälter, in dem zwei Filtersäcke hängen. Diese werden abwechselnd genutzt. Ist der eine voll, werden die gesammelten Feststoffe kompostiert und der zweite beschickt. Einmal im Jahr wird ein Sack Rohkompost herausholt und mit Küchen- und Gartenabfällen weiter vererdet. Nach einem Jahr ist der Humus fertig. Er wird für den sandigen Gartenboden und den Wintergarten dringend gebraucht. Es gibt keine Fäulnis und dadurch keine üblen Gerüche. Die Wartung der Anlage ist sehr einfach und kann selbst durchgeführt werden. Man würde riechen, wenn eingegriffen werden muss. Das ist in der gesamten Laufzeit von mehr als zehn Jahren nicht ein einziges Mal passiert.

Das abfiltrierte Wasser wird mit einer Pumpe auf einem mit Teichfolie abgedichteten Hochbeet aus Kies verteilt. Dort haben sich Mikroorganismen angesiedelt, die das Wasser reinigen. Sie werden durch Schilfpflanzen mit Sauerstoff versorgt. Das Hochbeet dient gleichzeitig als Sicht- und Windschutz für Haus und Garten. Das gereinigte Wasser gelangt in einen Teich unmittelbar am Haus und dient zum Bewässern des Gartens und zum Verweilen. Die zweimal im Jahr gemessenen Werte im Ablauf sind deutlich besser als die der zentralen Kläranlage. Aus Schmutzwasser wird Brauchwasser und Humus für den Garten, hohe Abwassergebühren entfallen. Es wird nichts eingeleitet und nichts entsorgt.

Hat man erst mal Verantwortung für den eigenen Wasserverbrauch übernommen, bekommt man einen anderen Bezug zu seinen inneren Werten. Urin wird mit zehn Teilen Wasser verdünnt zum wertvollen Dünger. Durch Zugabe von Holzkohlepulver und milchsäurebildenden Mikroorganismen in die Filtersäcke kam ich dem Geheimnis der Herstellung von Terra Preta immer näher (siehe Kapitel 29). Inzwischen benutze ich dafür eine anaerobe Trockentrenntoilette, also eine, in der Kot und Urin getrennt und sauerstofffrei abgeschlossen werden. Für unsere Gäste gibt es Regenwassertoiletten.

Was kann ich selbst tun?

Natürlich kann sich nicht jeder Mensch ein Passivhaus mit Grundstück leisten. Aber Trockentrenntoiletten, die durch den Einsatz von Holzkohlestreu geruchsfrei bleiben, kann man überall hinstellen. Meine Toilette braucht keine Zu- und Ableitungen und hat – besonders wichtig – einen dicht schließenden Deckel. Für einen guten Dauerhumus und gegen Faulgase wird

Holzkohlepulver eingestreut. Man gewöhnt sich schnell an den Gebrauch, auch an die Urintrennung. Unsere so behandelten inneren Werte kommen nach der Milchsäurefermentierung auf den Kompost oder in eine Wurmkiste auf dem Balkon, und nach etwa einem Jahr haben sie sich wieder in äußere Werte verwandelt: in fruchtbarste Schwarzerde, duftende Blüten oder leckeres Gemüse.

www.berger-biotechnik.de (ökologische Sanitär- und Wasserspartechnik)
www.areal-gmbh.de (nachhaltige Wasserkonzepte)
www.triaterra.de (Terra-Preta-Herstellung, anaerobe Trockentrenntoilette)
www.bdz-abwasser.de (Bildungs- und Demonstrationszentrum für dezentrale Abwasserbehandlung e.V.)
Buchtipp: Wolfgang Berger, Claudia Lorenz-Ladener (Hrsg.): *Kompost-Toiletten. Sanitärtechnik ohne Wasser*, Staufen 2008

32 *Schnittlauch auf dem Dach*

Die Bepflanzung von Haus-, Garagen- und Schuppendächern bietet viele Vorteile – ökologische, ökonomische und kulturelle.
Von Dagmar Gast

Immer mehr Menschen hören das Gras wachsen – auf ihrem eigenen Dach. Experimentierfreudige Eigentümer und mancherorts auch Mieter begrünen ihr Hausdach. Remisen-, Schuppen-, und Garagendächer erhalten einen grünen Pelz aus verschiedenen Gräsern, Kräutern, Moosen und Fetthennen-Arten (Sedum). Wohngemeinschaften in Berlin-Kreuzberg oder anderswo dient das Hausdach gar als urbaner Ersatz für den eigenen Garten – sie ernten dort Tomaten, Gemüse oder Bohnen in Pflanzkästen und Töpfen. Die Dachbegrünung hat viele Vorteile. Grüne Dächer halten Regenwasser zurück und schützen die Dachdichtung vor Hitze und Kälte. Verdunstung, Kühlung und Luftbefeuchtung durch Pflanzen auf dem Dach führen zu einer Verbesserung des Mikroklimas in der Nachbarschaft und den darunterliegenden Räumen. Luftschadstoffe werden durch die Vegetation gefiltert, Feinstaub wird gebunden. Zudem dämpfen Gründächer Lärm und bieten bedrohten Pflanzen und Tieren Inseln des Überlebens.

Schon um 1900 gab es in Berlin rund zweitausend »Gras- und Moosdächer«, die dem Schutz vor Funkenflug dienten. Einige dieser Dächer existierten auch noch Anfang der 1980er Jahre, sie hatten fast unbeschadet den Krieg überstanden, wurden jedoch im Zuge von Sanierungen entfernt oder auch zum Teil wieder erneuert. Im Rahmen eines in Berlin initiierten Umweltinvestitionsvorhabens (Hofbegrünungsprogramm) wurde die Neuanlage von begrünten Dächern durch Zuschüsse gefördert. So entstanden rund 2500 neue, größtenteils extensive Gründächer allein in Berlin. Es gibt drei verschiedene Sorten Gründächer.

Extensive Dachbegrünungen

Wildpflanzen sind Wirte für verschiedene Käferarten und Schmetterlingsraupen, die ihrerseits Vögel ernähren. Vom Blumenkasten über den Garten bis hin zur Landwirtschaft wird bei uns jedoch alles bewässert und gedüngt – und damit die Artenvielfalt reduziert. Extensiv begrünte Dächer aber bieten Überlebenschancen für Pflanzen- und Tiergesellschaften, die sich an mageren Standorten ansiedeln. Sie bestehen aus dünnschichtigen, zwei bis fünf Zentimeter hohen Erd-, Sand-, oder anderen Magersubstraten, die nicht gegossen oder gedüngt werden. Sie lassen sich problemlos auf Dächern aufbringen, die eine zusätzliche Dachlast von 30 bis 60 Kilogramm pro

Quadratmeter aushalten. Carports, Schuppen und andere nicht beheizte Gebäude sind besonders geeignet. Der Aufwand ist gering, es reicht eine normale Dachdichtung und eine PE-Folie als Trennlage, auf die das Substrat aufgebracht wird. Die Bepflanzung erfolgt als Sprossen oder Samen, die ausgestreut werden. Auch der finanzielle Aufwand ist nicht hoch: je nach Standort 20 bis 40 Euro pro Quadratmeter. Wenn man sich fachlichen Rat einholt, ist diese Dachbegrünung eine wunderbare Sache für (fast) jedermann und jedefrau.

Einfache Intensivbegrünungen

Mit einer Höhe von zehn bis 20 Zentimetern ist dieses Gründach technisch anspruchsvoller und eignet sich für alle Hausdächer mit geringer Dachneigung. Zum Selbstbau ist es nur unter fachlicher Leitung geeignet. Eine Absturzsicherung – zum Beispiel ein Geländer – ist ein Muss. Ist das Dach stärker als 15 Prozent geneigt, müssen zusätzlich Schubsicherungsgewebe oder -schwellen eingebaut werden. Wer sein Wohnhaus so begrünt, profitiert zusätzlich noch von einer Wärmedämmwirkung im Winter und einer Kühlwirkung im Sommer. Voraussetzung ist ein absolut dichtes Dach, auf das eine Trennlage sowie eine Bautenschutzmatte aufgebracht werden. Dann empfiehlt sich ein zweischichtiger Aufbau mit Dränmatte, Filtervlies und darauf Substrat. Einige Anbieter auf dem Markt offerieren ganze Systeme. Das Dach muss eine zusätzliche Last von 120 bis 240 Kilogramm pro Quadratmeter aufnehmen können. Als Pflanzmaterial eignen sich Gras-Kräuter-Mischungen, darunter auch Schnittlauch und Thymian sowie andere Sonne und Trockenheit liebende Pflanzen. Diese sollten nicht zusätzlich zum Regen bewässert oder gedüngt werden, da sie sonst zu stark wachsen und die Biomasse im Herbst oder Winter entfernt werden muss. Wer eine richtige »Wiese« möchte, muss ein bis zwei Mal im Jahr sensen oder mähen, damit sich dauerhafter Erfolg einstellt. Kostenfaktor: zwischen 50 und 100 Euro pro Quadratmeter.

Intensivbegrünung

Dachgärten sind ein Ort zum Träumen und Ausruhen, ein Ort der Kreativität. Sie sind jedoch nur auf Dächern machbar, die auf höhere Lasten von 350 Kilogramm pro Quadratmeter ausgelegt und mit Geländern ausgestattet sind. Der finanzielle Aufwand richtet sich nach den Ansprüchen der Nutzer. Selbstgebaute Holzkisten können die gleichen Dienste leisten wie teure Blumenkübel. Kühlwirkung, Wärmedämmung und Regenrückhaltung sind auf Intensivdächern stärker ausgeprägt. Terra Preta (siehe Kapitel 29) ist hier übrigens zum Gärtnern hervorragend geeignet.

Dachbegrünungen sparen auch Kosten. Das Regenwasserentgelt, das jeder Hauseigentümer und Mieter mitträgt, wird reduziert. Pflanzen und Erde schützen die Dachabdichtung zu jeder Jahreszeit vor Extremtemperaturen und UV-Strahlung. Die Lebensdauer der Dachdichtung verlängert sich von sieben bis zehn auf 25 Jahre und mehr, Reparaturkosten vermindern sich entsprechend.

Alle Begrünungsarten tragen dazu bei, dass bei starken Regenfällen das Wasser wie in einem Schwamm gespeichert, durch Pflanzen verbraucht und verdunstet wird und mit Verzögerung in die Kanalisation gelangt. Je nach Begrünungsart werden 30 bis 90 Prozent des Wassers zurückgehalten. Je mehr grüne Dächer es gibt, desto stärker wird der Regenabfluss in die Mischkanalisation vermindert. Und je weniger Schmutzwasser in Flüsse und Seen gelangt, desto weniger Fische müssen sterben.

www.faszination-dachbegruenung.de

33 *An die Töpfe, fertig …*

Was kann ich überhaupt noch essen? Der Mensch steht hilflos im Dickicht unseres Lebensmittelangebots. Vernünftige Ernährung aber funktioniert nur am eigenen Herd.
Von Manfred Kriener

Der aufgeklärte Verbraucher will gesund und nachhaltig essen, mit natürlichen, womöglich regionalen Lebensmitteln aus umwelt- und klimaschonender Herstellung, das Ganze fair bezahlt. Und wenn das Mahl dann auch noch die Bedürfnisse einer ausgewogenen Ernährung erfüllt und »lecker« oder »superlecker« schmeckt, um die kulinarische Dauervokabel der Deutschen zu bemühen, dann dürfen wir zufrieden ein Bäuerchen machen.

Soweit die Theorie. In der täglichen Praxis essen wir rein statistisch gesehen immer öfter beim Imbiss um die Ecke, in möglichst »preiswerten« Restaurants, in Mensen und Kantinen, im Stehen und im Gehen (wie die Steinzeitmenschen beim Käferchen sammeln!). Das ist in der Regel weder regional, noch bio, noch fair, noch irgendwas, sondern einfach nur billig.

Wenn wir uns dann mal zur Selbstversorgung durchringen, kann schon der Einkauf richtig schwierig werden, sobald wir uns um den korrekt gefüllten Teller ernsthaft Gedanken machen. Hier tut ein Stück Gelassenheit gut: Kein Mensch kann alle ethischen Aspekte bei der Lebensmittelauswahl ständig mitbedenken, ohne zu verhungern. Wie wurde dieses Hähnchen gehalten? Wie viele Flugstunden hat die Ananas hinter sich? Wo kommt der Thunfisch her? Stammt der Blumenkohl aus Hybridzucht, die Aubergine vom Saatgut-Multi Pioneer, der gegenwärtig in Osteuropa die letzten alten Gemüsesorten ausrottet? Und der Spargel? Schmeckt der noch, wenn die ukrainischen Stecherbrigaden sich für 4,20 Euro die Stunde den Buckel krummschuften? Auch vom Bio-Hühnerei müssten wir uns eigentlich verabschieden, denn die 40 Millionen männlicher Küken, die Jahr für Jahr bei der Legehennenproduktion anfallen, werden gleich nach der Geburt aussortiert und zu Mus geschreddert. Der Biosektor ist da nicht anders, denn er hat keine eigenen Brütereien.

Es bleibt also nichts anderes übrig, als zumindest einen Teil der Misere zu verdrängen. Haben wir uns erst einmal klargemacht, dass es den moralisch sauberen Speiseplan nicht gibt, müssen wir deswegen noch lange nicht zu McDonald's rennen. Schon allein deshalb, weil es den meisten von uns dort gar nicht schmecken würde, vom heimeligen Ambiente mal ganz abgesehen. Es geht also darum, eine halbwegs erträgliche Mischung aus Genuss und Verantwortung zu finden. Aber wie soll der Mensch nun seine Kompassnadel justieren? »Bio«-Lebensmittel und regionale Herkünfte sind als grobe Richtschnur sicher empfehlenswert, aber das allein reicht nicht. Denn es gibt noch ein anderes, sehr viel größeres Problem: den Verlust von Geschmack und Kompetenz in Sachen Ernährung.

Wenn es im allgemeinen Ernährungsdurcheinander heute überhaupt noch eine goldene Regel gibt, dann kann sie deshalb nur heißen: So oft wie möglich selbst kochen und billiges Außer-Haus-Essen einschränken, auch wenn es beim Vietnamesen, Griechen, Türken nebenan schnell geht und kaum noch was kostet. Aber nur am eigenen Herd können wir als Souverän überhaupt entscheiden, was wir durch die Futterluke schieben. Nur so können wir überhaupt eine »Beziehung« zu Lebensmitteln aufbauen, nur so können wir Kompetenz und Ernährungswissen allmählich wieder herstellen. Denn die haben sich mit all den Pülverchen und Convenience-Produkten aufgelöst, sie wurden in Ketchup ertränkt, an Kebab-Spießen geröstet.

Mal ehrlich: Wer kann heute noch eine gute Fleischqualität vom Augenschein her wirklich beurteilen? Wer weiß, wie ein abgehangenes, schön marmoriertes Stück Rindfleisch auszusehen hat? Wer ist in der Lage, ranziges Olivenöl sensorisch auszusortieren (und die Hälfte der Öle ist tatsächlich ranzig!)? Wer riecht beim Einkaufen an Melonen, Birnen, Pampelmusen, um Reifezustand und Aromen zu schnuppern? Wer wittert Düngergestank am Gemüse? Wer selbst kocht, lernt schmecken, entwickelt mit der Zeit einen Blick für Qualität und Frische. Der verabschiedet sich von Geschmacksverstärkern und Aromazusätzen, die unsere Körpermusik lahmlegen und das Hunger- und Sättigungsgefühl durcheinanderbringen. Der mag bald auch kein übersüßtes kindisches Geschmackstuning mehr. Wer selbst kocht und nach Geschmack entscheidet, landet fast automatisch bei Bio, weil Gemüse und Obst dann besser schmecken. Wenn es nach dem Geschmack ginge, hätte weder die moderne, magersüchtige Pietrain-Schweinerasse eine Chance noch all die kalorienarmen, mit Wasser aufgepumpten Puten- und Hühnerbrüstchen aus der Turbomast, die nach Briefmarken schmecken und nur mit dicken Currysaucen überhaupt genussfähig werden.

Wer kocht und seine Lebensmittel selbst einkauft, bekommt mit der Zeit eine Antenne für anständige Produzenten auf Biohöfen und Wochenmärkten. Die Guten ins Töpfchen! Dazu muss man aber neugierig sein, nachfragen, ausprobieren und zu Hause auch mal verschiedene Produkte parallel riechen und schmecken. Wer selbst kocht und Freunde einlädt, hat auch mehr Spaß am Essen (und Trinken!). Wer selbst kocht, entwickelt im besten Fall eine Leidenschaft für gutes Essen und authentische Lebensmittel. Diese Leidenschaft wird dann zur Kompassnadel. Sie führt einen halbwegs unfallfrei durch einen pervertierten Nahrungsmittelsektor, in dem Fleisch und Industriekäse wie Ziegelsteine produziert werden, in dem Milch billiger ist als Mineralwasser und Leberwurst günstiger als Hundefutter.

34 *Klimakultur!*

Die große Transformation der Gesellschaft kann gelingen – wenn wir uns Klimakultur aneignen.
Von Peter Unfried

Das entscheidende Missverständnis im Zusammenhang mit dem Klimawandel ist: Man tut zwar nichts, aber es gibt einen globalen Konsens, dass man etwas tun müsse – angesichts einer kommenden Katastrophe. Dieser theoretische Konsens hilft nicht, sondern er lähmt. Es gibt keine Pflicht, etwas zu tun. Man kann es auch lassen. Aber es gibt eine individuelle Verantwortung, sich seine Entscheidung klar zu machen. Dieses Jahrzehnt ist das Jahrzehnt der freien Entscheidung eines jeden halbwegs gut verdienenden Bürgers in den wohlhabenden Industrienationen. Für Lebensstilverantwortung. Für Klimakultur. Für eine Transformation. Oder ganz bewusst dagegen.

Wenn wir nun aber das Ding nicht einfach laufen lassen, sondern eine ökologische Transformation unter demokratischen Richtlinien hinkriegen wollen, braucht es eine Gesellschaft, die Klimakultur hat. Klimakultur ist der Weg, um die Blockaden zu lösen, die im Ich-Leben weiter bestehen, obwohl das Über-Ich weiß, was Sache ist. Noch haben wir keine Klimakultur.

Klimakultur fängt im Alltag an. Sie ist auch Popkultur und Konsumkultur beziehungsweise muss es werden. Dafür braucht es die richtigen, neuen Produkte mit den richtigen, massenwirksamen Produktgefühlen. Es geht darum, Konsummuster zu entwickeln, die nachgeahmt werden können – in vielen Bereichen der Gesellschaft und in den Ländern mit dem nachholenden Wohlstand. Das kann bei manchen gern auch Prestigekonsum sein oder privatistischer Konsum ohne Willen zur politischen Dimension. Der ökologische Effekt wird durch die Quantität des CO_2-Abdrucks bestimmt, nicht durch die Qualität der Gesinnung.

Es geht selbstverständlich auch um Deutungshoheit: Hersteller und Kunden, Politiker und Wähler müssen wissen oder das Gefühl haben, dass sie Emissionen, soziale und ökologische Faktoren bei der Herstellung von Produkten, Dienstleistungen, Politikangeboten und Wahlen nicht mehr ignorieren können. Am ökologischen Gemeinwohl orientierte Ordnungspolitik ist der entscheidende Hebel – doch erst mit Klimakultur wird es sie geben können. Diese Klimakultur kann nur durchgesetzt werden, wenn das Denken und die Gefühle eines entscheidenden Teils dieser Gesellschaft transformiert werden – des Teils, der bei sich selbst anfängt und vorangeht, statt wie bisher zuzusehen.

Mit den alten Denkschablonen von Moral und Verzicht ist nichts zu gewinnen. Die Chance für das Neue besteht darin, dass viele inzwischen spüren, dass es mit dem im Westen und (seit 1989) im Osten vorherrschenden Lebensstilmodell zu Ende geht. Das liegt auch, aber längst nicht nur am Klimawandel und dem nahenden Ende der fossilen Ressourcen. Die alten Denkmuster und Begrifflichkeiten werden zwar noch mehrheitlich akzeptiert, greifen aber nicht mehr, was man zum Beispiel an den stets aufs Neue scheiternden Versuchen der CDU sieht, »Werte« zu beschwören. Es ist immer eine Flucht in die Vergangenheit. Aber auch den technokratischen Grünen ist es nicht gelungen, das Neue in seiner Dimension zu erfassen und damit benennen zu können.

Das Problem: Wir haben noch keine Sprache für das Neue. Zum Beispiel: Ein Ziel eines klimakulturell Kompetenten ist Dekarbonisierungswachstum, privat und global. Das Wort ist noch nicht perfekt, aber es benennt das Neue positiv und basiert auf einem veränderten Denken. Weniger Kohlendioxid ist besser. Es beschreibt die ökologische Transformation als Fortschritt und als etwas, das man haben will. »Ich habe Dekarbonisierungswachstum« muss sich anfühlen wie »Ich habe grandiosen Sex«. Nur besser.

Wo negative Emission war, muss positive Emotion werden. Es geht um neue Begriffe, die der Sorge entgegenwirken, dass Wohlstandswachstum letztlich eben doch Kohlendioxidwachstum braucht. Diese Sorge haben nicht nur die Länder mit Bedarf an nachholendem Wohlstand, sondern auch Menschen in den wohlhabenden Ländern, auf die es ankommt. Im alten Denken ist Veränderung der Anfang vom Abstieg. Das Neue wird als Verzicht auf Teile des Alten interpretiert – und ausschließlich negativ. »Die Verzichtsrhetorik ist also eine Verteidigungswaffe gegen die Aufforderung zur Veränderung«, schreibt der Klimakulturforscher Harald Welzer. Wir leben aber in der Gegenwart des Verzichts, in der wir auf viele wunderbare Dinge verzichten, etwa, indem wir in Städten leben, die auf die Bedürfnisse von Autos ausgerichtet sind. Alles in allem verzichten wir auf Nachhaltigkeit und Teile unserer Zukunft zugunsten von kurzfristigen Nutzen oder Gelüsten. Es ist interessant: Wir haben Angst, dass wir auf argentinisches Steak verzichten müssen, aber nicht davor, dass wir auf London verzichten müssen, weil es unter Wasser liegt.

Die Frage ist nicht: Worauf könnte ich jetzt verzichten und worauf nicht? Sondern: Was will ich nicht mehr und worauf will ich in der Zukunft nicht verzichten (etwa auf London, Hamburg oder halb Holland), und was bedeutet das für die Gegenwart? Das alte Denken wird umgedreht: Wir verzichten nicht auf Wohlstand und Lebensqualität, wenn wir handeln, sondern wir bewahren Wohlstand und schaffen zusätzliche Lebensqualität.

Im neuen Denken der Klimakultur werden die Begriffe Wohlstand und Wachstum definitorisch neu besetzt, wie übrigens auch die Begriffe Karriere, Arbeit und Lebensglück. Es geht um ein Update der eigenen Vorstellungen von Lebensglück und damit der gesellschaftlichen Vorstellungen in Deutschland. Für die zwischen 1955 und 1975 Geborenen war der New-York-Flug das Symbol eines geglückten oder glückenden Lebens. Er stand für maximale Urbanität, Weltläufigkeit und verfeinerten Konsum. Unser Fußabdruck dominierte die Welt. Und nun soll er sich verkleinern, und damit werden auch wir kleiner. Materiell ärmer, kulturell ärmer, weniger mächtig – das ist die Angst. Wir werden aber nicht kleiner, wenn wir nicht zum Shoppen nach New York fliegen. Wir können sogar größer werden – wenn wir anders denken. Und wenn es gelingt, für das andere Denken eine Sprache und eine Kultur zu begründen, mit der wir andere dafür begeistern können. Ich habe mich für Klimakultur entschieden. Das kommt einfach besser.

Soziale Kreativität

35 *Wo bitte geht's zum Glück?*

Die Forschung belegt die alte Weisheit, dass nicht Geld glücklich macht, sondern sinnvolle Arbeit und erfüllende persönliche Beziehungen.
Von Ute Scheub

»Gott, was ist Glück!«, stöhnte einst Theodor Fontane. »Eine Grießsuppe, eine Schlafstelle und keine körperlichen Schmerzen – das ist schon viel.« Heute ist eine ganze Armada von Forschern und Wissenschaftlerinnen damit beschäftigt, festzustellen, wo und warum Menschen weltweit am glücklichsten sind. Obwohl die Mehrheit von ihnen Grießsuppe wohl eher verabscheuen dürfte, bestätigen sie des Dichters Erkenntnis: Zum Glücke bedarf es nicht vieler Zutaten.

Was ist überhaupt Glück? Auch dazu sind schon ganze Bibliotheken vollgeschrieben worden. Im Deutschen ist allein schon der Begriff unglücklich mehrdeutig. Schaffen wir Deutschen es trotz unseres materiellen Reichtums vielleicht auch deshalb nur bis ins Mittelfeld der internationalen Glücksrankings, weil wir die Fragen nach dem Glück falsch verstehen? »Glück« umfasst bei uns so grundverschiedene Zustände wie »Glück haben« (auf Englisch »luck«, auf Französisch »fortune«, auf Spanisch »suerte«), »einen Glücksmoment erleben« (»pleasure«, »plaisir«, »placer«) oder »dauerhaftes Glück erleben« im Sinne von Lebenszufriedenheit (»happiness«, »bonheur«, »felicidad«). In weltweiten Umfragen geht es natürlich vor allem um »happiness« und nicht um das Verschlucken eines »leuchtenden Schnitz Nachmittagssonne«, wie die Dichterin Katherine Mansfield den Zustand momentaner Verzückung umschrieb.

Echtes Glück definiert ein renommierter US-Glücksforscher mit dem wunderschönen Namen Martin Seligman als Kombination von »pleasure, engagement and meaning«, also Genuss, Aktivität und sinnerfülltem Leben. Nichts macht uns Menschen glücklicher als Liebe und Freundschaft, da sind sich praktisch alle Glückswissenschaftler einig, also glückende Beziehungen und Verbindungen zu anderen Menschen. Die zweitwichtigsten Zutaten zum Glück sind Selbstbestimmung und das Gefühl, an etwas Nützlichem zu arbeiten. In Ländern mit vergleichsweise hoher sozialer Toleranz und viel Mitbestimmungs- und Wahlmöglichkeiten – Volksentscheide, Antidiskriminierungsmaßnahmen, Frauenförderprogramme, Homoehen und dergleichen – sind die Menschen deshalb eindeutig glücklicher.

Was hat das alles mit materiellem Reichtum zu tun? Diverse Untersuchungen der Glücksökonomie zeigen: Menschen brauchen zwar ein gewisses Grundeinkommen, das sie befähigt, ohne Not und Existenzängste zu leben. Oder, wie es Woody Allen formuliert: »Geld ist besser als Armut, und sei es nur aus finanziellen Gründen.« Das subjektive Glücksgefühl von Bewohnern ärmerer Länder steigt deshalb an, wenn ihre Staaten sich entwickeln. Ist aber ein gewisses Level erreicht, bleibt der durchschnittliche Glückspegel mehr oder weniger konstant oder sinkt sogar. Laut einer Studie ist das ab einem Pro-Kopf-Jahreseinkommen von rund 20 000 Dollar der Fall: Jenseits dieser Schwelle hat Einkommenssteigerung kaum mehr Wirkung. Andere Studien, teilweise von Banken finanziert, stellten das unbequeme Ergebnis wieder infrage. Aber der US-Psychologe Ed Diener, der 50 Superreiche mit einem Besitz von mehr als 100 Millionen interviewte, bestätigte: Auch sie sind kaum zufriedener als der Durchschnitt.

Die glücklichsten Menschen leben deshalb weder in den reichsten Ländern noch in den ärmsten. Sie finden sich laut verschiedener internationaler Umfragen vor allem in zwei Weltregionen: in Skandinavien und Zentralamerika einschließlich der Karibik. Nach dem World Values Survey in 148 Nationen waren die Menschen zwischen 2000 und 2009 in Costa Rica, Dänemark und Island am glücklichsten. Deutschland lag nur auf Platz 30, Simbabwe belegte den letzten Rang. Und auch nach dem Happy Planet Index ist Costa Rica das Land, in dem Menschen am längsten, zufriedensten, gesündesten und gleichzeitig am umweltfreundlichsten leben. Der britische Ökonom Richard Layard bestätigte in seinen Untersuchungen, dass sich Wohlergehen und Wohlstand in vielen Fällen deutlich entkoppelt haben. In verschiedenen vergleichsweise armen Ländern Lateinamerikas sind die Menschen genauso glücklich wie in Skandinavien und in EU-Nationen.

In den Augen von Mathias Binswanger, Verfasser des Buches *Die Tretmühlen des Glücks*, handeln aufs Geldverdienen fixierte Menschen deshalb letztlich höchst unökonomisch, weil sie ihr Glück nicht maximieren. Sie wollen immer mehr verdienen und werden dabei immer gestresster und unfähiger, das Leben zu genießen. Das sei die »Statustretmühle«, glaubt der Sohn des Wachstumskritikers Hans Christoph Binswanger. Menschen ziehen unglücklicherweise zu viel Befriedigung daraus, mehr zu verdienen als ihre Kollegen oder Nachbarinnen. Systemimmanent gedacht ist das Problem unlösbar: Selbst bei einem irrealen Wirtschaftswachstum von 99 Prozent würde das Einkommen von mindestens der Hälfte der Menschen weiterhin unter dem Durchschnittsgehalt liegen und sie neidisch auf die Geldelite schauen lassen.

Was kann ich selbst tun?

Deshalb, glaubt der Ökonom, ist es gerade für die Bewohner der reichen Länder so wichtig, aus diesem »Rattenrennen« beziehungsweise dieser »Glückstretmühle« auszusteigen. Indem man zum Beispiel die eigene Arbeitszeit radikal verkürzt oder in einen sinnstiftenden Job wechselt, Beziehungen und Freundschaften pflegt, sich bei attac oder in einer Menschenrechtsorganisation engagiert, einen Nachbarschaftsgarten oder ein anderes Gemeinschaftsprojekt zur Weltveränderung gründet, in einem Chor singt oder kochen lernt – zum Beispiel Grießsuppe und andere Grässlichkeiten.

www.happyplanetindex.org
Buchtipps: Mathias Binswanger, *Die Tretmühlen des Glücks*, Freiburg 2010
Stefan Klein, *Einfach glücklich*, Reinbek 2004
Martin E. P. Seligman, *Der Glücksfaktor*, Köln 2005

36 *Befreit die Schulen*

Das Land muss seine Schulen erneuern. Dazu braucht es Reform-Schulen und Initiativen – private wie staatliche.
Von Christian Füller

Noch nie war der Problemdruck in den Schulen so groß wie zu Beginn des 21. Jahrhunderts. Während die öffentliche Schule ganze Bataillone von Risikoschülern ohne demokratische und berufliche Grundkompetenzen entlässt, gehen draußen die Kinder wie die Fachkräfte aus. Die Schule als Lehranstalt, entstanden in der autoritären preußischen Ära, wird nun völlig neu gestaltet – oder von der heraufziehenden Wissensgesellschaft ad absurdum geführt.

Dabei stehen die Zeichen gar nicht so schlecht, wie man nach dem PISA-Desaster und der Betonpolitik der Kultusbürokraten meinen möchte. Überall im Land blühen seit einigen Jahren Schulen mit intelligenten Lernarrangements. Die *Schule des Staunens* (Salman Ansari) gibt es nicht nur als Buch. Von der Grundschule Kleine Kielstraße in Dortmund bis zur Sophie-Scholl-Schule im bayerischen Hindelang sind in den letzten zehn bis 15 Jahren aufregende Schulmodelle entstanden. Sie haben beinahe alle Makel der alten Ausleseschule abgelegt: Dort gilt das Prinzip des individuellen Lernens, und zwar selbständig und forschend. Die Schüler sind nicht mehr Stoffkonsumenten, sondern fortan Produzenten neuen Wissens.

In der Dortmunder Grundschule Kielstraße sehen wir eine Lernwerkstatt, in der bereits Neunjährige machen, was deutsche Schüler bislang erst an der Hochschule lernten: aus einem breiten Lernmaterial mit einer selbst gewählten Fragestellung ein eigenes Projekt zu bauen. Und aus dem Meer von Einzelinformationen eben nur jene auszuwählen, die für die eigene Idee wichtig sind. Niemand bevormundet dabei die Kinder der Kielstraße, von denen übrigens über 90 Prozent aus Familien mit Zuwanderungsgeschichte stammen. Die staatliche Schule hat ein dichtes Netz sozialer Unterstützungssysteme geknüpft, sie arbeitet dabei eng mit privaten Partnern zusammen.

Die Sophie-Scholl-Schule in Hindelang wiederum beweist, dass selbst unter widrigsten Bedingungen modernes Lernen möglich ist. Sie ist eine Krankenhausschule, die mit Schülern aus allen Schulformen arbeitet. Sie wird von diesen (nebenbei: kranken) Kindern maximal zehn Wochen besucht – und dennoch gelingt es ihr, bei den Schülern Spaß am Lernen zu entwickeln. Die Methode: radikale Individualisierung in Lernprojekten. In Hindelang kann man auch sehen, wo die wahre Kuschelpädagogik herrscht. Vor allem Gymnasiasten beschweren sich dort stets darüber, »dass wir alles selber machen müssen«. Das heißt: An der Scholl-Schule kann sich kein Schüler mehr in einer im Gleichschritt dahinmarschierenden Klasse verstecken.

Die Gestalt der neuen guten Schulen ist jeweils ein bisschen anders. Denn schlaue Schulen sind keine uniformen Klonexemplare. Die Rezepte der Reform freilich sind überall ähnlich – egal ob sich eine Sonderschule oder ein Gymnasium für neues Lernen begeistert. Gute Schulen brechen die Regeln der Kultusbürokratien. Sie können dies, wenn sie ebenso starke wie charismatische RektorInnen haben, die in der Schule einen anderen Spirit als den der Auslese verbreiten. Denn die gemeinsame Idee dieser neuen Schulen heißt: Niemand bleibt zurück, alle kommen zum Erfolg. Das bedeutet, Respekt vor den Schülern zu haben – als Mensch und als neugierigem Lernenden.

Die Berliner Evangelische Schule im Zentrum (ESBZ) ist eine solche neue Schule. Dort gibt es praktisch keine Fächer mehr, sondern die Formate wie Lernbüro, Klassenstunde, Freiarbeit, Projekte, Schulversammlung oder Verantwortung unterscheiden sich nach dem Grad der Individualität, mit der Schüler sich die Stoffe erarbeiten und sie in Handeln umsetzen. Die ESBZ-Schule ist privat – und sie ist ein geglücktes Paradebeispiel dafür, wie Staat und Privat heute Lernen möglich machen. Ohne die Auslobung eines staatlichen Gemeinschaftsschulprogramms wäre die evangelische Schule nicht zulassungsfähig gewesen. Dafür zahlen die Schule und ihre Leiterin Margret Rasfeld nun zurück – durch Innovationen. Ihre Lern-Lebens-Projekte heißen »Verantwortung« als freiwilliger sozialer oder ökologischer Dienst und »Herausforderung« als dreiwöchiger Aufbruch ins Leben. Die ESBZ dürfte derzeit die meistbeachtete Berliner Schule sein. So verbreiten sich die Ideen über die ganze Stadt.

Das Beispiel zeigt auch, dass sich die Gesellschaft von liebgewonnenen Vorurteilen verabschieden muss. Bei der pädagogischen wie sozialen Revolution herrscht die neue Unübersichtlichkeit. Gute staatliche Schulen kooperieren eng mit privaten Partnern. Private Schulen sind gerade als Freie Schulen Vorreiter des befreiten Lernens. Der Versuch der Phorms-Organisation, als Aktiengesellschaft mit Bildung Geld zu verdienen, ist gescheitert. Dennoch verbreiten die Phorms-Schulen oft mehr vom »Spirit« des neuen Lernens als die meisten staatlichen Anstalten.

Die Schulreform für das 21. Jahrhundert wird keine Cocktailparty. Die Erneuerung steht vor einer doppelten Herausforderung. Zum einen wegen einer Linken, die allen Ernstes behauptet, nur die staatliche, aber keinesfalls die Privatschule könne aus der sozialen Schieflage der ungerechtesten Schulen herausführen. Wieso sollte das geschehen? Die selektive Press- und Stopfschule des Staates ist die Mutter des PISA-Desasters. Zum anderen taugt auch die antietatistische Reformpädagogik nicht mehr als Vorbild. Nach dem Super-GAU an der Modellschule im Odenwald ist von der Vision nur ein schwarzes Loch geblieben. In der Odenwaldschule, die stets die erste, beste und demokratischste deutsche Schule sein wollte, gab es über 20 Jahre hinweg ein »Nest von Pädophilen«, in dem Lehrer wohl hunderte Schüler systematisch missbrauchten.

Vielleicht hat der Verlust der großen Ideologien aber auch etwas für sich. Bei der Schulreform heißt es jetzt: Macht es selbst und macht es sofort. Und es geschieht ja überall, dass Lehrer und/oder Eltern ihre Schule selbst bauen: auf Fehmarn (Schleswig-Holstein), in Jesteburg (Niedersachsen), in Denkendorf und Kipfenberg (Bayern), in Ascheberg und in Herzogenrath (NRW), in Templin (Brandenburg) und in Rostock (Mecklenburg-Vorpommern). Wer neue Schulen haben will, muss die privaten Schulen von den engen staatlichen Finanzvorgaben und die staatlichen vom engen Prokrustesbett der Schulvorschriften befreien – und morgen mit dem neuen Lernen anfangen.

37 *Klimawechsel an der Schule mit »Q-rage«*

Für eine Schule ohne Rassismus: Jugendliche machen Medien für Menschenrechte und Emanzipation.
Von Sanem Kleff

Einschreiten, handeln und für mehr Respekt untereinander sorgen. Hinsehen und nicht wegschauen, wenn rassistische Sprüche auf dem Schulhof fallen. Nicht schweigen, wenn einem Mädchen »fette Sau!«, einem Jungen »Schwuchtel!« oder »Scheiß-Kanake!« zugerufen wird. Um diese Courage auf dem Schulhof zu unterstützen, wurde »Schule ohne Rassismus« ins Leben gerufen. Als in den 80er Jahren des letzten Jahrhunderts in Belgien eine rechtsextreme Partei in das Parlament einzog, erklärten Schüler und Pädagoginnen ihre Schulen zu Schulen ohne Rassismus. Nach den rassistischen Brandanschlägen in Mölln und Solingen holte der Verein »Aktion Courage« die Projektidee 1995 nach Deutschland. Im Jahr 2000 erhielt das Projekt seine jetzige Struktur.

Im Frühjahr 2011 tragen bundesweit 860 Schulen den Titel »Schule ohne Rassismus – Schule mit Courage«, und mehr als 700 000 Schulmitglieder bilden das größte Schulnetzwerk in Deutschland. Alle Schularten und Schulstufen sind dabei. Mindestens 70 Prozent der Schülerschaft, der Lehrkräfte und des Personals haben sich per Unterschrift dem Selbstverständnis des Projekts angeschlossen. Die Selbstverpflichtung motiviert, soziales Lernen nicht aus den Augen zu verlieren. Das Netzwerk bietet einen Rahmen und Unterstützung bei der Umsetzung eigener Ideen. Die Landeskoordination in einzelnen Bundesländern und mehr als 200 kompetente Kooperationspartner aus der Zivilgesellschaft unterstützen die Aktiven. Für »Schule ohne Rassismus« ist es wichtig, dass Schülerinnen und Schüler sich auch außerhalb des eigenen Klassenverbandes artikulieren können und eine Stimme haben. Dafür gibt es unter anderem »Radio Q-rage«. Die Jugendlichen haben ihre eigene Meinung zu aktuellen Themen, die in den Zeitungen und TV-Talkshows der Erwachsenenwelt diskutiert werden. Um über ihre Themen zu berichten und für ihre Sicht Gehör zu finden, entwickeln sie ihre Kommunikationskompetenz in diversen Medienbereichen. Sie produzieren Video-Clips und stellen diese ins Internet. Sie schneiden eigene Radiobeiträge und erweitern das Angebot von »Radio Q-rage« oder bauen gleich ihr eigenes Schulradio auf. Sie tanzen. Sie entwerfen Motive für Plakate, die nicht in der Schublade des Kunstlehrers verschwinden, sondern in zehntausendfacher Auflage gedruckt und öffentlich ausgehängt werden. Sie versenden Postkarten mit ihren Botschaften.

Jeder jugendliche Medienmacher nutzt sein Medium, um seine Meinung und seine Gefühle auszudrücken. Manchem bedeutet ein eindringlich-krasser Rap über komplizierte Lebensverhältnisse in der Nachbarschaft mehr als ein Besinnungsaufsatz. Die jungen Künstler rappen über ihre Ängste, ihre Träume und ihre Hoffnungen. Jährlich produzieren sie eine CD mit den Gewinnersongs des »Rap for Q-rage«-Wettbewerbs.

Solche Aktivitäten gehören nicht zum Alltag der Schulen. Das Schulsystem bietet kaum Zeitfenster, um neben dem Regelunterricht oft zeitaufwendige Zusatzaktivitäten zu organisieren: »Wann soll ich das machen? Am Wochenende sitze ich an den Korrekturen und kann nicht noch mehr Stunden in der Schule verbringen.« Lehrerinnen und Lehrer sind selten begeistert, wenn im Lehrerzimmer wieder ein bunter Flyer ausliegt, der sie dazu auffordert, doch schnell mal mit ihrer Klasse an einem Schreibwettbewerb teilzunehmen. »Wirklich toll, aber ich kann einfach nicht«, sagt die Klassenlehrerin und schiebt den Flyer weiter zum nächsten Kollegen. »Schule ohne Rassismus – Schule mit Courage« unterstützt die Pädagogen und Lehrerinnen dabei, den Flyer doch mit in die Klasse zu nehmen. Die Landes- und Regionalmitarbeiter übernehmen die zeitraubende Suche nach geeigneten Referenten, vermitteln Know-how und Material.

Einer der Höhepunkte dieser Arbeit ist die Zeitung *Q-rage*. Einmal im Jahr produzieren Schülerinnen und Schüler eine zwölfseitige Zeitung, die anschließend an allen Schulen verteilt wird. Jeweils 24 Jugendliche zwischen 16 und 21 Jahren, aus allen Teilen Deutschlands, aus allen Schularten und mit unterschiedlichem kulturellen und ethnischen Hintergrund, bilden für drei Monate das Redaktionsteam und schreiben Texte zu ihren Themen. Ein Team von professionellen Journalisten, Layouterinnen, Fotografen und Kunstpädagoginnen begleitet und unterstützt sie dabei. »Fatma ist emanzipiert und Michael ein Macho?« ist der Titel der sechsten Ausgabe, der *Q-rage 2010&2011*. Es geht um Geschlechterrollen in der Einwanderungsgesellschaft. Wer sagt wie »Ich liebe Dich«? Und haben alle Jungs, unabhängig davon, woher ihre Familien kommen, ähnliche Probleme, über ihre Gefühle zu reden? Die Jugendlichen wollen alles genau wissen: Was denken die Vertreter der drei monotheistischen Religionen über Sex und Emanzipation? »Is There no Sex in Kreuzberg?«, fragen sie an der dortigen Courage-Schule und geben gleich ihre Antwort mit einem Theaterstück über Liebe und Moral im interkulturellen Alltag. Sie berichten, was Schulen dagegen tun, wenn Rechtsextreme auf dem Schulhof Nazi-CDs verteilen. Als Stimme des Netzwerkes erreicht *Q-rage* Traumauflagen von bis zu einer Million Exemplaren. Sie liegt der *taz* bei und geht deutschlandweit an alle 10 000 Schulen der Sekundarstufe.

Was kann ich selbst tun?

- Auf www.schule-ohne-rassismus.org mehr Informationen über die *Q-rage-Zeitung* einholen oder kostenlose Exemplare der Q-rage *2010&2011* bestellen.
- Diesen Text an Schülerinnen und Schüler weitergeben, die noch nicht dem Courage-Netzwerk angehören.
- Spenden: Für die nächste *Q-rage* Ausgabe fehlen noch 25 000 Euro.

38 *Popcorn-Explosionen*

Ich bin Lesepatin für Kinder aus Migrantenfamilien. Das ist nicht nur ein leicht nachzuahmendes Erfolgsprojekt, sondern macht auch viel Spaß.
Von Annette Jensen

Meine Haustür liegt nur eine schmale Straßenbreite vom Pausenhof entfernt, und doch war die Gotzkowsky-Grundschule in Berlin-Moabit lange eine völlig unbekannte Welt für mich. Ich hatte von den PISA-Tests gehört und mich gefragt, wie Kinder in Deutschland jahrelang zur Schule gehen können und doch Analphabeten bleiben. Die Lehrer müssten desinteressiert oder inkompetent sein, vermutete ich. Diese Perspektive änderte sich schlagartig an einem Freitag vor knapp fünf Jahren.

Ich hatte den Auftrag, für ein Magazin über Lesepaten zu schreiben. Meine Recherchen hatten ergeben, dass ausgerechnet in der Schule gegenüber ein paar engagierte Mütter eine der ersten Gruppen aufgebaut hatten. Überaus erstaunt stellte ich fest, dass dort drei Viertel der Schüler aus Migrantenfamilien stammen, wo doch in unserem Haus ausschließlich gutbürgerliche Kinder deutscher Herkunft aufwachsen. Doch meine Nachbarin bringt ihre Sprösslinge jeden Morgen in eine englische Grundschule ein paar Kilometer entfernt, und auch sonst genießt die Gotzkowsky-Grundschule keinen guten Ruf bei deutschen Eltern. Zu viele Jungen und Mädchen, die zu wenig deutsch sprechen, heißt es.

Gegen diese Ungerechtigkeit wollten die Mütter in dieser Grundschule etwas tun. »Ich sehe nicht ein, dass die Klassenkameraden meiner Kinder so schlechte Zukunftschancen haben«, erklärte mir eine Unternehmensberaterin, die ihre beiden Töchter ganz bewusst hierher schickte. Zweimal in der Woche setzte sie sich mit einer Gruppe Drittklässler zusammen und unterstützte sie beim Lesenlernen. Allen Beteiligten schien das viel Spaß zu machen – und so wurde ich kurzentschlossen selbst Lesepatin.

Ein- bis zweimal pro Woche gehe ich seither in das Backsteingebäude gegenüber und danach setze ich mich – durch die Erlebnisse oft gut gelaunt und fast beschwingt – an meinen Schreibtisch. In manchen Klassen bin ich zur Betreuung der schwächsten Schüler eingesetzt. Meist sind es zwei oder drei Kinder, mit denen ich mich in einen ruhigen Raum zurückziehe. Nur ein Teil der Lehrerinnen ist offen für die Laien von außen. Manche wollten, dass ich mit den Schülern einen vorgegebenen Absatz aus dem Lesebuch übe, was weder den Kindern noch mir viel Spaß machte. Andere Pädagogen lassen mir freie Hand. Dann besprechen die Kinder und ich, worauf sie Lust haben. So lagern vor meinem Bett stapelweise Bücher über Astronauten, Pyramiden, Vulkane oder Haie, Zauberei, Verliebtsein oder Philosophie – und wenn es sich jemand wünscht, auch über Rennautos.

Am beliebtesten sind meine Experimente. Auch das ist Lesetraining, weil man die Beschreibung der Vorbereitungen genau verstehen muss. Neulich wollten drei Jungen aus der sechsten Klasse etwas über Explosionen wissen. Also haben wir in der Schulküche Popcorn produziert. Immerhin konnte einer am

Ende der Stunde erklären, warum die Maiskörner auseinanderplatzen. Derweil stopfte sein Klassenkamerad gierig das Versuchsergebnis in sich hinein. Denn auch das gehört zur Gotzkowsky-Grundschule: Ein Großteil der Kinder ist arm; nicht jedes hat vorm Unterricht gefrühstückt.

Nur wenige sprechen fehlerfrei deutsch. Manche Drittklässler kennen weder das Wort »Briefkasten« noch den Gegenstand selbst. Viele sind hier geboren, manche erst vor kurzem hierher gezogen. Zum Beispiel der zwölfjährige Ramsan aus Tschetschenien, der anders als die meisten das Herkunftsland seiner Eltern nicht gerne nennt. Auch Anastasia aus Russland ist erst seit der vierten Klasse hier; die beiden verstehen sich gut. Dagegen wollte ein Mädchen türkischer Herkunft eine Geschichte nicht weiterlesen, als ein Kurde darin auftauchte.

Immer wieder überraschen mich die Kinder. Denis ist ein hibbeliger Junge, der sich phantasiereich zusammenreimt, was im Text stehen könnte. Doch wenn es um Dinosaurier geht, weiß er bestens Bescheid. Mit Leidenschaft spricht er über Diplodocus und Triceratops, ihre Namen gehen ihm über die Lippen, als seien es »Hund« und »Katze«. Und Ramsan, dem unendlich viele Worte fehlen, kann Amseln, Finken und Spechte bezeichnen und weiß viel über ihre Lebensweise.

Mein Respekt für Grundschullehrerinnen ist in den vergangenen Jahren enorm gewachsen. Schließlich habe ich manchmal schon Schwierigkeiten, drei Kinder davon abzuhalten, über Tisch und Bänke zu gehen – und in ihren Klassenzimmern sitzen durchschnittlich achtmal so viele. Darüber hinaus wurden die Stunden der Sozialpädagogin vor einiger Zeit halbiert, die erfolgreich ein Antigewalttraining organisiert hatte. Zur Begründung hieß es: In anderen Berliner Schulen sei die Situation schließlich noch schwieriger.

Mein anrührendstes Erlebnis hatte ich mit Fatma, die mit ihrer libanesischen Mutter und acht Geschwistern an der Hauptstraße um die Ecke wohnte. Ihre Mutter habe keine Zeit, mit ihr mal in die Stadtbücherei zu gehen und eine Ausleihkarte zu besorgen, klagte sie. Ich brachte ihr einen Antrag mit, den die Schule unterschreiben sollte. Als sie alles organisiert hatte, verabredeten wir uns. Nie werde ich ihre strahlenden Augen vergessen, als sie die vielen Bücherborde sah. »Und das darf ich alles lesen?!«

Lesepaten-Projekte gibt es in vielen Städten. Die größte Organisation ist das »Bürgernetzwerk Bildung« des Vereins Berliner Kaufleute und Industrieller (VBKI) in Berlin, wo sich rund 1900 Lesepaten an 160 Grund- und Förderschulen und 80 Kitas engagieren. Hier haben ausnahmsweise mal die sozial Schwachen Vorrang: Lesepaten werden nur entsandt an Schulen, wo es mindestens 40 Prozent Migranten oder arme und sozialhilfeabhängige Kinder gibt.

www.mentor-leselernhelfer.de
www.lesen-in-deutschland.de
www.vbki.de/index.php?id=40

39 *Josef und seine Brüder versöhnen sich in Neukölln*

An einer Grundschule in Berlins Multikulti-Bezirk Neukölln lernen Fünftklässler Religion im Klassenverband – und entdecken viel Gemeinsames.
Von Alke Wierth

Ein Vater liebt einen Sohn mehr als seine anderen Kinder. Die eifersüchtigen Geschwister verkaufen den Bruder deshalb an Sklavenhändler. Dem Vater sagen sie, er sei tot. Die Geschichte von

Josef und seinen Brüdern handelt von Neid und Streit in der Familie, von Abschied und Alleinsein in der Fremde, und von Vergebung und Versöhnung. Und sie steht – in etwas unterschiedlichen Versionen – in der Bibel, in der Thora und im Koran.

An der Regenbogengrundschule in Berlin-Neukölln arbeiten SchülerInnen einer fünften Klasse gerade an einem Comic, der die Geschichte von Josef in bunten Bildern erzählt. In der Parallelklasse werden »Wut-Briefe« verfasst, in denen die Kinder aufschreiben, wer und was sie richtig ärgert – sie bringen dabei ihre ganze Wut zu Papier. Später werden die Briefe auf dem Schulhof verbrannt: Der Zorn soll verrauchen.

Religionsunterricht an der Regenbogenschule im multikulturellen Neuköllner Norden. Mehr als 80 Prozent der SchülerInnen kommen aus Einwandererfamilien, viele sind Muslime, aber auch Hindus, Buddhisten und Juden gehören zur Schülerschaft. In Berlin gehört Religion nicht zum regulären Lehrplan, sondern wird in der Verantwortung der einzelnen Glaubensgemeinschaften als zusätzliches, freiwilliges Angebot erteilt – normalerweise nach Konfessionen getrennt. Doch die Schule in Neukölln hat sich entschlossen, das – zunächst im fünften Jahrgang der in Berlin sechsjährigen Grundschule – anders zu machen. Im »Projekt der Regenbogenschule für interreligiöses Lernen«, kurz PRIL, lernen Kinder aller Konfessionen zusammen mit unterschiedlichen ReligionslehrerInnen und KünstlerInnen. Die Comics etwa setzen gerade Hans Beeten, Lehrer für katholische Religion, und der Maler und Bildhauer Ahmad Shamma um. Die Briefeschreiber werden von der Lebenskundelehrerin Ilona Lange und der Künstlerin Annette Weber-Vinkeloe betreut. In ein paar Wochen werden sie in andere Klassen wechseln. Mit denen arbeiten derzeit LehrerInnen für evangelische, jüdische und islamische Religion gemeinsam mit weiteren KünstlerInnen.

Entstanden ist PRIL vor vier Jahren aus der Teilnahme der kunstorientierten Grundschule am Wettbewerb »Trialog der

Kulturen« der Herbert-Quandt-Stiftung. Mit einer aus Puzzleteilen mit Bildern und Geschichten verschiedener Religionen zusammengesetzten Weltkugel gewann die Schule den dritten Platz. Das Preisgeld von 7500 Euro ermöglichte die Fortsetzung der für den Wettbewerb begonnenen Zusammenarbeit von KünstlerInnen und ReligionslehrerInnen. Ein Jahr später erreichte die Schule mit einem überdimensionalen Buch, in dem die Kinder ihren persönlichen Zugang zum Glauben beschreiben, den zweiten Platz – und 10 000 Euro Preisgeld.

Nicht nur ihr Kunstschwerpunkt hat der Grundschule Anschub für das interreligiöse Lernen geliefert. Als die Islamische Föderation Berlin im Jahr 2004 begann, an der Regenbogenschule Religionsunterricht zu geben, »waren wir zunächst sehr misstrauisch«, erzählt Schulleiterin Heidrun Böhmer. »Wir befürchteten Konflikte um die Teilnahme muslimischer Kinder an Klassenfahrten oder dem Schwimmunterricht, auch, dass mehr Mädchen Kopftuch tragen würden.« Sechs Jahre später hat Schulleiterin Böhmer über »ihre« islamische Religionslehrerin Aynur Bulut nur Gutes zu sagen: »Sie ist eine sehr wahrhaftige Frau, es ist nichts Falsches an ihr.« Sie sei »zu einem wichtigen Teil des Kollegiums geworden«. Das war nicht immer so: Anfangs habe sie sich kaum ins Lehrerzimmer getraut, erinnert sich Bulut. Zu abweisend seien ihr viele LehrerInnen begegnet. Heute trifft sich die 36-Jährige, die in Deutschland aufwuchs und in der Türkei Grundschulpädagogik studierte, einmal pro Woche mit ihren KollegInnen vom PRIL-Team, um die Arbeit zu besprechen.

Alle im Team sind sich einig: Der interreligiöse Unterricht habe die Atmosphäre an der Schule verändert – nicht nur im Kollegium: »Seit die Kinder mehr übereinander und über die verschiedenen Religionen, aber eben auch über deren Gemeinsamkeiten wissen, gehen sie anders miteinander um«, sagt die evangelische Religionslehrerin Rita Schickle. Was nicht bedeute, dass es keine Probleme mehr gebe, ergänzt Esther Fischer, die jüdische Religionslehrerin: »Es gibt Kinder, die nicht essen, was ich mitbringe, wenn wir gemeinsam Feste feiern«, erzählt sie. »Es wird manchen Kindern zu Hause viel Falsches über ihre Religion beigebracht«, sagt der Künstler Shamma. Esther Fischer erzählt von einem Mädchen palästinensischer Herkunft, das sich von ihr nicht berühren lässt – und hat Verständnis: »Ihre Angehörigen in der Heimat wurden bombardiert!« Aber mit Geschichten wie der von Josef könne sie zeigen, »dass wir doch eigentlich alle Geschwister sind«.

Durch den Bezug auf gemeinsame Werte wie Toleranz und Vergebung kann auch die konfessionslose Lehrerin des humanistischen Lebenskundeunterrichts sich bei PRIL einbringen: »Es geht ja darum, sich gegenseitig mit seinen jeweiligen Überzeugungen kennenzulernen«, sagt Ilona Lange. Sie werde nicht »als Ungläubige ausgegrenzt«. Zudem gehe das Projekt in der Zusammenarbeit mit den Künstlern »ja über die Beschäftigung mit Religion hinaus«, betont Künstlerin Weber-Vinkeloe.

Nicht nur die beteiligten Religionsgemeinschaften mussten dem Projekt PRIL zustimmen. Auch die Eltern der GrundschülerInnen mussten ins Boot geholt werden. Denn eigentlich nehmen am Berliner Religionsunterricht nur die dafür angemeldeten Kinder teil. Doch die Eltern ließen sich mehr als überzeugen: »Das Elterncafé unserer Schule hat schon nachgefragt, ob sie nicht auch beim interreligiösen Lernen mitmachen können«, so Schulleiterin Böhmer.

Aus der Josef-Geschichte soll zum Ende des Schuljahres ein Spiel entstehen, mit dem alle Kinder der Regenbogenschule an dem, was die Fünftklässler erarbeitet haben, teilhaben können. Das PRIL-Team macht sich derweil darüber Gedanken, ob das gemeinsame Lernen auf weitere Klassen ausgedehnt werden kann – und wie SchülerInnen noch besser eingebunden werden können, die anderen Religionen wie Hinduismus oder Buddhismus angehören.

Was kann ich selbst tun?
Erkundigen Sie sich an der Schule Ihrer Kinder, ob die Möglichkeit zu interreligiöser Kooperation zwischen den Religionsunterrichten besteht. Sollte die Schule dafür nicht offen sein: Vielerorts existieren bereits interreligiöse Dialogtische, die sich meist an Erwachsene wenden. Aber wieso sollte nicht auch da über Angebote für Kinder nachgedacht werden? Für sie ist es oft schon eine hilfreiche Erfahrung zu erleben, dass Menschen verschiedener Religionen konfliktfrei miteinander kommunizieren und zusammenarbeiten. Fragen Sie bei Ihrer Gemeinde nach!

www.herbert-quandt-stiftung.de
www.regenbogen-grundschule.de

40 *Helden der Gleichberechtigung*

In Berlin-Neukölln kämpfen muslimische junge Männer für die Gleichberechtigung von Frauen und Mädchen.
Von Ute Scheub

Der Vater schlägt Mehmet auf den Kopf. »Wo ist deine Schwester?«, brüllt er seinen Sohn an. »Du musst auf sie aufpassen!« Ein Freund erzählt Mehmet, dass sich seine Schwester mit irgendwelchen »Schlampen« herumtreibe. Er müsse sie nach Hause bringen, zur Not mit Gewalt. »Hast du keine Ehre?«, fragt er Mehmet provokativ.

»Hast du keine Ehre?«, wurde wohl auch die Deutsch-Kurdin Hatun Sürücü beschimpft, bevor sie 2005 in Berlin wegen ihres westlichen Lebensstils von Familienmitgliedern ermordet wurde. Deshalb hat der Verein »Strohhalm« nicht weit vom Tatort entfernt ein ebenso pfiffiges wie erfolgreiches Projekt gegen Mädchenunterdrückung und »Ehren«-Morde gegründet. »Heroes«, junge türkisch- oder arabischstämmige »Helden der Gleichberechtigung«, führen Schulklassen Rollenspiele wie dieses vor.

»Was ist Ehre?«, will ein 21-jähriger »Hero« namens Gökay wissen. Er schaut in zwanzig ratlose Gesichter. Wir befinden uns in einer sechsten Klasse in Berlin-Neukölln. Migrantenanteil: 98 Prozent. Türken, Araber, libanesische Kurden, Roma. Die Eltern, oftmals Flüchtlinge ohne festen Aufenthaltsstatus, können ihren Kindern keinen geregelten Alltag vorleben und schicken sie in konservative Koranschulen, in denen sie lernen, »Ehre« sitze zwischen den Beinen einer Frau. Ihr Alltag wird von rigiden »Ehren«-Normen bestimmt, aber erklären können sie den Begriff nicht. Die Jungs kichern. Die Mädchen, zur Hälfte verschleiert, senken den Blick. »Ehre … na ja …«

Der palästinensische Psychologe Ahmad Mansour, der die »Heroes« in die Klassen begleitet, steuert den Workshop mit sanfter Hand. »Habe ich Ehre als Vater«, fragt er die 12- bis 13-Jährigen, »wenn ich meine Tochter schlage, falls sie nicht gehorcht?« Ja, finden die meisten. »Wieso dürfen Jungen mehr als Mädchen?«, fragt Ahmad Mansour. »Sie sind stärker«, ruft einer. »Jungen sind Bodybuilder!«, schreit ein anderer. »Schlampen muss man klatschen«, befindet ein Dritter.

Da hilft nur, die Szene zwischen Vater, Sohn und Tochter nochmals zu spielen – mit besserem Ausgang. Zuerst spielen die »Heroes«, dann die Jugendlichen – was ihnen sichtlich mehr Spaß macht als die Diskutiererei. Diesmal erlaubt der Vater der Tochter das Ausgehen. »Ich hab Vertrauen zu dir«, erklärt er. »Ist Vertrauen besser als Kontrolle?«, fragt Ahmad Mansour. Ja, doch, selbst die Mädchen nicken vorsichtig. »Darf man seine Kinder schlagen? Seine Frau? Seine Schwester?«, forscht der Psychologe. Die Jungen kichern. »Das ist doch meine Schwester!«, befindet einer. »Kleine Schläge!«, fordert ein anderer. Die Mädchen schauen zu Boden. Und schon ist das halb gewonnene Terrain wieder halb verloren. Die »Helden« aber geben so schnell nicht auf. Als Moslems können sie die Jugendlichen mit ihren eigenen Waffen schlagen: mit dem Koran. Mohammed sei nicht der Meinung gewesen, dass man Frauen unterdrücken solle, sagt Mansour. Er selbst habe mit Chadidscha eine 15 Jahre ältere, emanzipierte Geschäftsfrau geheiratet.

Ahmad Mansour hat die »Heroes« in einem knapp einjährigen Training mit Spaßfaktor ausgebildet, gemeinsam mit dem Theaterpädagogen Yilmaz Atmaca und der Gruppenleiterin Eldim Turan. Ein- bis zweimal in der Woche haben die 17- bis 21-Jährigen über Gleichberechtigung und Demokratie, Ehre und Jungfräulichkeit diskutiert, haben Rollenspiele entwickelt, zusammen gegrillt und gechillt. Der türkischstämmige Zivildienstleistende Gökay gehört zu den ersten, die ein Abschlusszertifikat des »Heroes«-Projekts erhielten. Inzwischen gibt es zwölf zertifizierte »Heroes« und 20 weitere, die im Laufe des Jahres 2011 ihr Zertifikat bekommen werden. Danach ziehen die »Helden der Gleichberechtigung« in ihren coolen schwarzen Sweatshirts mit »Hero«-Aufdruck durch die Schulen und verdienen sich damit sogar ein kleines Honorar.

In der Neuköllner Klasse wogt der Kampf weiter, und die »Helden« fechten tapfer in der ersten Reihe. »Wie erreichen wir Gleichberechtigung? Was könnt ihr als neue Generation tun?«, fragt »Hero« Gökay. Und ist froh, dass er an die Tafel notieren kann: Vertrauen. Respekt. Friedliches Miteinander. »Habt ihr heute was gelernt?«, will Ahmad Mansour am Ende wissen. Doch, sagt einer: »Ehre ist mehr Freiheit für die Mädchen.« Mansour lächelt. Immerhin.

Das »Heroes«-Projekt kommt so gut an, dass weitere Städte es ebenfalls einführen wollen – Hamburg, Seevetal, Leverkusen, Bruchsal, Hildesheim, Hannover und München. Auch im europäischen Ausland zeigt man großes Interesse. Projektleiterin Dagmar Riedel-Breidenstein, die die Idee von einer schwedischen Initiative übernahm, wurde von der ZDF-Sendung »Mona Lisa« zur »Frau des Jahres« ernannt und bekam im September 2010 den »Prix Courage« überreicht. Ehrengast Königin Silvia, deren »Childhood«-Stiftung das Projekt finanziert, überschüttete die »Heroes« mit Lob. »Auch die Eltern sind stolz auf ihre Söhne«, sagt Soziologin Riedel-Breidenstein. Die öffentliche Anerkennung sei eine große Motivation für die jungen Männer weiterzumachen. Die Projektleiterin ist vom Konzept der »Peer Education« überzeugt: Die »Heroes« wirkten viel überzeugender als moralpredigende deutsche Erwachsene. »Empathie mit den im Namen der Ehre unterdrückten Frauen und Mädchen als Motor der Veränderung ist diesen jungen Migranten durch ihre eigene Ausgrenzungs- und Demütigungserfahrung leichter zugänglich«, heißt es in einem Projektbericht. Und: »Es gibt eine schweigende Mehrheit unter den jungen Migranten, die Gewalt ablehnt«, sagt Riedel-Breidenstein. »Die können wir gewinnen. Aber sie brauchen Vorbilder.«

Das Schönste ist: Das Projekt selbst ist ein Vorbild. Man kann es in dieser oder anderer Form überall nachahmen.

www.heroes-net.de

41 *Die große Schwester hilft beim Studieren*

Im Mentorinnenprogramm Sista Abla in Berlin unterstützen junge Akademikerinnen nicht-deutscher Herkunft Schülerinnen mit Migrationshintergrund beim Übergang vom Abitur zum Studium.
Von Alke Wierth

Lisa ist 17 und besucht die 12. Klasse des Gymnasiums. Sie sei »eine ziemlich gute Schülerin«, sagt sie: »Dabei ist mir an der Grundschule immer gesagt worden, das Gymnasium sei zu schwer für mich.« Nun möchte Lisa nach dem Abitur Politik studieren und dann »irgendwo bei der EU arbeiten«. Die Berlinerin, deren Eltern aus Serbien stammen und als Altenpflegerin und Bauarbeiter arbeiten, bringt dafür gute Voraussetzungen mit: Sie spricht neben deutsch, englisch und französisch auch serbisch und rumänisch. Trotzdem ist Lisa unsicher: »Meine Eltern stehen einem Studium skeptisch gegenüber. Sie möchten lieber, dass ich eine Ausbildung mache, um selbständig zu sein.« Shajia, ebenfalls Gymnasiastin, ist 18. Ihr Ziel steht fest: Sie will Maschinenbau studieren. Ihre Eltern, aus Bangladesch eingewandert, unterstützten sie dabei, sagt sie, aber helfen könnten sie nicht: »Meine Mutter hat zwar in Bangladesch Abitur gemacht. Aber sie kennen das hiesige Bildungssystem nicht und sprechen nicht gut deutsch.«

Bildungsferne Eltern – damit wird heute gern schulischer Misserfolg von Einwandererkindern erklärt. Doch was erhellt der Begriff wirklich? Die meisten der »Kinder mit Migrationshintergrund«, die heute zu deutschen Schulen gehen, gehören der zweiten oder dritten Einwanderergeneration an. Ist es vielleicht die Bildung selbst, die Schule, die fern von Teilen ihrer

Schülerschaft ist? Haben wir es nicht geschafft, die Bildungseinrichtungen dieses Landes – das seit den 60er Jahren des letzten Jahrhunderts ein Einwanderungsland ist – auf die Lebenswirklichkeit unserer heutigen Gesellschaft einzustellen? »Bildungsferne« großer Bevölkerungsteile und die Erkenntnis, dass Wissen ein unerlässliches Handwerkszeug in einer sich verändernden Welt ist, haben vor über 400 Jahren zur erstmaligen Einführung einer Schulpflicht in Teilen Europas und des heutigen Deutschland geführt – wo sie übrigens fast 300 Jahre brauchte, um sich flächendeckend durchzusetzen, weil manche der »bildungsfernen Bevölkerungsschichten« ihre Notwendigkeit durchaus nicht einsehen wollten.

Ungeachtet solcher historischen Hintergründe ist jedenfalls auch heute noch Tatsache: Wenn Eltern sich nicht für die Bildung ihrer Kinder interessieren oder nicht die Mittel und Möglichkeiten haben, sie zu unterstützen, haben Kinder es in unseren Schulen schwer. PISA führt uns jährlich vor Augen, dass in keinem anderen europäischen Land der Zusammenhang zwischen Herkunft und Bildungserfolg oder eben -misserfolg so groß ist wie in Deutschland. Das trifft besonders Kinder aus Einwandererfamilien, die oft aus ökonomisch schwachen Verhältnissen kommen. »Dabei zeigen Studien und Statistiken, dass gerade die oft eine überdurchschnittlich hohe Bildungs- und Aufstiegsmotivation haben«, sagt Aliyeh Yegane Arani vom Verein LIFE e.V. in Berlin. Und sie bringen – neben Mehrsprachigkeit – ganz besondere Kompetenzen mit. »Doch diese speziellen Ressourcen der Migrantenfamilien bleiben in unserem Bildungssystem ausgeblendet«, sagt Yegane. Eine »Defizitperspektive« präge stattdessen den Blick auf Einwanderer.

Sista Abla (türkisch für: »große Schwester«) heißt das von Yegane geleitete Mentorinnenprogramm des LIFE e.V., das an dieser Stelle helfen will: Studentinnen und junge Akademikerinnen aus Einwandererfamilien unterstützen Oberstufenschülerinnen mit Migrationshintergrund beim Übergang von der Schule zum Studium. Sie habe in der Schule und beim Studium »die volle Unterstützung« ihrer Eltern gehabt, erzählt die Deutsch-Italienerin Miriam. Die 31-jährige Kulturwissenschaftlerin engagiert sich als Mentorin bei Sista Abla, »weil man einfach ziemlich planlos ist kurz vor dem Abi, wenn man so in die Welt hinausgeschmissen wird. Und als Migrantin vielleicht noch ein bisschen mehr. Man weiß ja gar nicht, was es alles für Möglichkeiten gibt.« Mit ihrer Mentee Lisa besucht sie die Studienberatung der Uni, hilft ihr bei Referaten für die Schule und: »Ich versuche sie zu stärken und ihr klarzumachen, was es tatsächlich bedeutet zu studieren. Und ihren Eltern das auch ein bisschen näherzubringen, damit es ihnen nicht so fremd ist.«

Die Mentorin der deutsch-bengalischen Gymnasiastin Shajia ist Nina. Die Asienwissenschaftlerin macht gerade ihren Master in Intercultural Education. Sie finde »die Idee sehr schön, dass man jemanden hat, der einen ein bisschen an die Hand nimmt, um sich an der Uni zurechtzufinden«, sagt die 25-jährige Deutsch-Slowenin: »Das hätte ich damals auch gerne gehabt.«

Zwölf Teams betreut das aus EU- und Bundesmitteln finanzierte Projekt Sista Abla seit Anfang 2010. Mentorinnen und Mentees werden dabei mit einem Rahmenprogramm unterstützt: durch Trainings, Workshops, regelmäßige Treffen und eine E-Learning-Plattform zum Erfahrungsaustausch. Bei einem fünftägigen Potential Assessment Center haben sie ihre Stärken und Fähigkeiten in Bezug auf ihre interkulturelle Kompetenz kennengelernt. Und sie haben das »Berliner BürgerInnenforum Integration und Vielfalt in der europäischen Bildung« mitorganisiert, dessen Ergebnisse sie auf einer Konferenz in Brüssel vorgestellt haben. Dieser Rahmen sei vor allem für die Mentees sehr wichtig, sagt Nina: »Er zeigt ihnen, dass man sich für sie interessiert und sie unterstützt. Das stärkt noch mal sehr.« Und auch für die Mentorinnen sei er hilfreich: »Es ist gut, dass es die Möglichkeit des Austauschs mit anderen Mentorinnen gibt. Allein zu sein, wäre schwieriger.« »Und die regelmäßigen Treffen helfen, die Kontinuität zu wahren«, ergänzt Mentorin Miriam.

Ihre Mentorin Nina habe ihr schon vieles beigebracht, sagt Shajia: »Ich hätte gar nicht gewusst, wie ich nach einem Studienplatz suchen soll. Das macht einen ja auch ängstlich und nervös, was da so nach dem Abitur auf einen zukommt.« Lisa ist noch ängstlich. Als ältestes Kind habe sie in den Augen ihrer Eltern Vorbildfunktion für die jüngeren Geschwister: »Das bedeutet auch Druck für mich. Studieren und danach arbeitslos sein ist nicht das, was ich möchte. Deshalb versuche ich mit meiner Mentorin herauszufinden, was das Richtige für mich ist.«

Das Klischee von den »bildungsfernen MigrantInnen« ärgert sie alle: »Alle Mädchen, die an dem Projekt teilnehmen, sind super bildungsmotiviert«, sagt Mentorin Nina. »Und auch die Eltern wollen, dass die Kinder eine gute Schulbildung haben. Es stimmt nicht, dass diese Familien sich nicht für die Bildung ihrer Kinder interessieren.«

Was kann ich selbst tun?

Erkundigen Sie sich nach MentorInnen-Projekten in Ihrer Nähe, beim Schulamt, bei Stiftungen oder Ehrenamtlichen-Agenturen oder den Beauftragten für Integration. Oder bauen Sie selbst eins auf! Anregung gibt es bei bestehenden Projekten wie dem LIFE e.V. in Berlin. Bei den Neuköllner Talenten helfen junge und alte MentorInnen Kindern deutscher und nichtdeutscher Herkunft zwischen acht und zwölf Jahren. Verikom in Hamburg ist das Vorbild von Sista Abla.

www.ehrenamtsportal.de
www.life-online.de
www.neukoellner-talente.de
www.verikom.de/junge_vorbilder

42 *Medien von morgen*

Die klassischen Medien, die investigative Recherchen bislang finanzierten, sparen sich allmählich zu Tode, der Journalismus wandert ins Internet aus. Aber wer soll ihn bezahlen?
Von Tom Schimmeck

Nein, Print ist nicht tot. Die »Holzmedien« – also Zeitungen, Zeitschriften, Bücher – werden vom Wurm der neuen Zeit gewiss sehr viel langsamer zernagt werden als manch aufgeregter Online-Prophet glauben will. Digital versus analog? Dieser vermeintliche Konflikt taugt wohl noch für manch aufgeregte Debatte, ist tatsächlich aber kaum mehr relevant.

Ein Scheinkonflikt. Zumal das Internet nicht einfach ein neues, zusätzliches Medium ist, sondern auch als Vehikel für die klassischen Medien dient: für Druckwerke, Radio und Fernsehen. Es gibt ihnen, dank nun allzeit-globaler Verfügbarkeit, eine neue Dimension. Dazu liefert es einen Ozean voller Originalmaterial – vom eingescannten Klassiker bis zum Filmschnipsel aus den 1950ern, von der wissenschaftlichen Analyse bis zum ge»leak«ten Diplomatendossier. Es bietet eine gigantische Fülle neuer publizistischer Formen und Verknüpfungen. Zugleich ist es das Kommunikationswerkzeug schlechthin, eine Plattform, auf der potentiell alle derzeit knapp sieben Milliarden Erdbewohner zu minimalen Kosten in Kontakt treten können.

Die gesellschaftsverändernde Kraft des Internets ist längst allgegenwärtig. Am offensichtlichsten in Ländern, die keine oder nur eine stark eingeschränkte demokratische Öffentlichkeit kennen. Informationsflüsse wie Aktionen organisieren sich dort immer öfter via Rundmail, Blog, Posting und auf anderen Internet-Wegen. Worauf die Staatsmacht – von Afghanistan bis Weißrussland – immer häufiger mit Einschüchterung und Zensur reagiert. Mit dem rasanten Fortschritt der Netztechnologie wachsen leider auch die Möglichkeiten der Kontrolle. China setzt massiv auf Schlüsselwort-Filter, Ägypten blockiert die Aussendung von Massen-SMS. Auch Kambodscha schaltete vor Wahlen das SMS-System ab. Syrien, Iran und Jemen gehören zu den Ländern, die Adressen von Oppositionellen blocken. Reporter ohne Grenzen listet als Orte systematischer Verfolgung außerdem: Birma, Nordkorea, Turkmenistan, Kuba, Saudi-Arabien, Usbekistan, Tunesien und Vietnam. Unter Beobachtung stehen auch die Türkei und Russland, wo missliebige Blogger inzwischen festgenommen werden.

Schon bevor es überhaupt ein World Wide Web gab, zeigte das Internet seine Stärke als Alternativmedium. In den 1980ern gab es bei Greennet, PeaceNet und EcoNET die ersten Infos; 1990 entstand aus diesen und anderen Netzen die APC, die Association for Progressive Communications. Anfang der 1990er funkte etwa das »ZAMIR«-Netz vom brennenden Balkan täglich Nachrichten und Tagebuchnotizen, auf Deutsch, Englisch und Serbokroatisch. Im auseinanderdriftenden Jugoslawien waren die Telefonleitungen gekappt. Hier hielten die Leute Kontakt. Und wir weit draußen erfuhren auf ganz neue, unmittelbare Weise, was tatsächlich los war. Der holländische Friedensaktivist Wam Kat (WAM@ZAMIR-ZG.co) war mit seinem so anrührenden wie informativen »Zagreb Diary« wohl einer der ersten Blogger – bevor der Begriff überhaupt geboren war. Seine Worte zogen einen hinein ins Geschehen.

Wer ein Anliegen hat, ist längst online. Oppositionelle, Bürgerrechtler, NGOs arbeiten seit Jahrzehnten mit dem Internet – länger schon als die meisten etablierten Medien. Das Netz ist unverzichtbar für den Arbeitsalltag, für die Recherche und den internen Austausch. Zunehmend auch für Mobilisierung und Masseninformation. Öffentlichkeit für große, komplexe Anliegen stellt sich heute auf alternativen Internet-Plattformen und in sozialen Netzwerken her. NGOs kommunizieren dabei oft schon ohne den Umweg über die traditionellen Nachrichtenkanäle – ganz direkt und, bei Bedarf, sehr präzise und detailliert.

Zumal klassische Medien immer häufiger nicht mehr demokratischen und journalistischen Idealen, sondern nur noch den Marktgesetzen gehorchen. Und dabei einer immer stärkeren Vereinheitlichung anheimfallen. Der Mainstream verbreitert sich, der Boulevard wird stetig bunter. Auch in Deutschland ist das Gros der in Privatbesitz befindlichen, ja selbst der öffentlich-rechtlichen Medien, inzwischen auf Zerstreuung ausgerichtet, nicht mehr auf Information, Aufklärung oder die Hirntätigkeit fördernden Humor. Aufklärung rechnet sich schlecht. So spaltet sich die Medienwelt zusehends in Massenbespaßungs-Medien und Rest-Medien für jene sogenannten »Eliten«, die weiterhin auf Information und Erhellung bestehen.

Alternativ können nicht nur die Online-Inhalte sein. Das Internet bietet auch die globale Plattform, um neue journalistische Formen auszuprobieren, eine neue Sprache, eine andere Optik zu kultivieren, mit neuen Kombinationen von Bild, Ton, Text und interaktiven Elementen zu experimentieren. Die Kommunikation ist hier schon aufgrund der schnellen, global vernetzten Architektur des Mediums viel offener und diskursiver.

Die Crux in dieser Übergangsphase: Eine Berichterstattung aus aller Welt, die Beobachtung, Analyse und journalistische Aufbereitung des globalen Geschehens braucht Ressourcen: Geld und kompetentes Personal, das unabhängig, distanziert und kritisch arbeitet und dabei verständliche, gut les-, hör- und betrachtbare, sprich: konsumierbare Produkte hervorbringt. Mit der enormen Fülle von Informationen im Internet wächst der Bedarf an Sichtung und Bewertung, an kompetenten Fischern und Lotsen im Datenmeer sogar. Die klassischen Medien aber, die solchen Journalismus bislang finanzierten, sparen sich allmählich zu Tode – während die Gratiskultur des Internets sich noch schwertut, gründliche Recherche und guten Stil zu finanzieren. Überall wird deshalb mit neuen Strukturen und Finanzierungsformen experimentiert, mit Stiftungen, Genossenschaftsmodellen, Stipendien und On-demand-Recherchen. Das Ziel: die Aufrechterhaltung, besser noch, eine Renaissance des kritischen Journalismus, der ja unabdingbar ist für eine funktionierende demokratische Öffentlichkeit. Sie ist das Lebenselixier der Demokratie. »Keine Demokratie«, meint nicht nur Jürgen Habermas, »kann sich ein Marktversagen auf diesem Sektor leisten.«

Dafür braucht es

- eine Auferstehung des öffentlich-rechtlichen Rundfunks (der sich selbstverständlich auch verstärkt ins Internet ausdehnen können muss),
- eine neu strukturierte, unabhängige Nachrichtenagentur,
- offene, populäre und attraktive Online-Medien als Quell umfassender, intelligenter Information wie auch als Spielwiese für neue journalistische Formen.

43 Communityismus im Internet

Warum das Internet zu einem Ort werden muss, wo man bezahlt, was nichts kostet.
Von Nina Schoenian

Revolutionen können schon mal vorkommen. Ein realer oder empfundener Missstand wird radikal umgekehrt, meist herbeigeführt durch eine kleine Gruppe, die weiter denkt. Fertig ist die Revolution. Sie wird oft herbeigesehnt. Kaum eine gesellschaftliche Entwicklung strahlt mehr, nichts ist romantischer, wilder, wesentlicher. Und nichts ist näher als die Revolution, denn tatsächlich sind wir schon vollkommen durchrevolutioniert. Spätestens die digitale Revolution hat alle erfasst. Die Frage, die sich nun stellt, ist, wie wir mit ihr umgehen. Es geht um die post-revolutionären Auswirkungen.

Die digitale Revolution ist anders als die anderen Revolutionen. Sie wurde nicht von einer Reihe Utopisten geplant, kämpferisch umgesetzt oder theoretisch so lange beschrieben, bis praktisch niemand mehr daran glauben kann. Sie wurde nicht aus einem gesellschaftlichen Missstand heraus erwirkt, sondern sie hat sich aus einem Forschungskontext heraus entwickelt. Als der revolutionäre Quergeist Tim Berners-Lee 1989 die erste Webseite der Welt programmierte und so das World Wide Web erfand, sprach er das zuvor mit seinem Chef ab. Er reichte ein Paper zu seinem Vorhaben ein und nannte es schlicht: »Information Management«. Er erschuf ein Hypertext-System, das es ihm und seinen Kollegen erlaubte, Informationen leichter zugänglich und besser auffindbar zu machen. Natürlich war er sich der globalen Möglichkeiten bewusst. Doch das, was wir heute als digitale Revolution bezeichnen, hat sich seitdem evolutionär entwickelt. Was wir nun als revolutionär empfinden, ist nicht nur technisch verursacht. Viel relevanter als die Technologie ist die Tatsache, dass Tim Berners-Lee sich seine Idee nicht patentieren ließ, sondern diese zur Weiterentwicklung freigab. Diese Geisteshaltung war das eigentliche Umkehren der Verhältnisse. Man könnte sagen, er ebnete so den Weg für all das, was kam und noch kommen kann. Auch für das, was heute Freeconomics – Gratiswirtschaft – heißt, welche die Medien gerade mit voller Wucht erfasst hat.

Nun ist der Gedanke des Gratis so neu nicht. Kaffeefahrten bedienen dieses Prinzip, Serviceverträge, die mit kostenlosen Geräten locken, Einstiegsdrogen. Durch Gratis wird Nachfrage erzeugt, die dann in Bezahlung umgeleitet werden soll. So auch im World Wide Web: Die Suchmaschine Google zum Beispiel modifizierte das Gratis-Konzept nur insofern, dass der Kunde nicht mehr mit Geld bezahlt, sondern mit seinen Suchbegriffen. Der Nutzer gibt durch die Suche seine Interessen preis, die Unternehmen bewerben gezielt diese Interessen. Google nennt Suchwörter der Nutzer daher auch »Adwords« – Werbewörter. Die Mentalität des Gratis ist enger mit Marketing verknüpft, als es manchem Freeconomist und bestimmt auch Tim Berners-Lee lieb ist. Irgendjemand zahlt am Ende immer.

»Information has to be free« ist der Leitgedanke vieler Gratispropheten. Informationen, als sozialer Kitt der Wissensgesellschaft, sollen allen zugänglich sein. Ebenso verhält es sich mit Produkten der Kreativwirtschaft, mit Bildern, Texten, Musik, Designs, Filmen, Studien. Die Kosten der Verbreitung dieser Daten sind tatsächlich verschwindend gering geworden. Ihre Herstellung allerdings nicht, der Anspruch an die Gratisverbreitung bleibt jedoch.

Nun gehen Verlage und Kreativproduzenten zumeist auf dreierlei Arten damit um. Entweder werden für weiterführende Informationen Bezahlbarrieren errichtet, sogenannte Paywalls. »Information has to be paid.« Eine zweite Möglichkeit ist der Wikipedia-Weg mit dem Aufruf zur Spende. Hier entsteht allerdings das Produkt an sich – Wissen – auch mit Hilfe der Vielen. »Information has to be made.« Oder drittens, die Finanzierung findet über Werbung oder Eigenvermarktung von Produkten auf den Webseiten statt. Dies bedeutet unter Umständen aber keine Befreiung der Medien, sondern eine Zunahme der Abhängigkeiten von einzelnen Werbekunden. Gratis hat so einen zu hohen Preis.

Hier kommt nun das Plädoyer für einen vierten Weg, der die digitale Revolution als gesamtgesellschaftliche Entwicklung sieht. Dieser Weg denkt die Möglichkeiten der Teilhabe nicht nur in eine Richtung. Wer gratis Informationen möchte, sollte auch Verantwortung für diese Information übernehmen. Verantwortung bedeutet hier, dass der Entstehungsprozess der Information ungehindert geschehen kann, indem er finanziert ist. Kommen wir deswegen zu einem Paradoxon: den bezahlten Gratisinhalten. Bezahlte Gratisinhalte stehen allen zur Verfügung. Sie können verbreitet werden, zitiert, konsumiert. Aber eben auch bezahlt. Bezahlen für das, was nichts kostet, ist die Umkehrung des Kaufaktes. Zahlen nach dem Konsumieren ist die Befreiung des Konsumenten. Worin das münden kann? Ich nenne es hier mal den Communityismus, eine durch die Vernetzung ermöglichte Gesellschaftsform. Sie basiert auf dem Prinzip der Solidarität. Es ist nicht nur die Intelligenz der Vielen (Crowdsourcing), die Finanzierung der Vielen (Crowdfunding), sondern auch die Verantwortung der Vielen. Communityismus eben.

Die Mikrobezahlplattformen flattr oder kachingle versuchten als erste, diesen Weg zu ebnen. Durch Klicks können Kleinstbeträge für Gratisinhalte gezahlt werden. So kann »Follow the free« den Zustand als digitales Marketinginstrument überwinden und zu einem nachhaltigen Leitgedanken werden. Aufgabe der Unternehmen ist es nun, eigene einfache Bezahl-Infrastrukturen zu schaffen, um diese Haltung zu unterstützen. Denn wie der Wikileaks-Skandal dramatisch aufzeigt: »Payment has to be free.« Oder zumindest nicht alternativlos zu Bezahldiensten wie PayPal. 2010 wurde das World Wide Web (in Person seines Wegbereiters Tim Berners-Lee mit zwei Kollegen) für den Friedensnobelpreis vorgeschlagen. Wenn wir nun gemeinsam dazu beitragen, das Beste aller Netze daraus zu machen, hat das WWW den Preis im nächsten Jahr aber wirklich verdient.

www.flattr.com
www.kachingle.com

44 *Per Mausklick die Welt retten*

Wie mit Online-Aktivismus die öffentliche Meinungsbildung vorangebracht wird.
Von Jörn Alexander

Wenn es um öffentliche Meinungsbildung geht, ist das Internet nicht mehr wegzudenken. Es ist nicht nur gerade dabei, die klassischen Medien rasant zu überholen, sondern hat auch die klassischen Formen öffentlicher Kritik und politischer Einflussnahme erweitert. Entscheidend dabei ist nicht, dass aus dem Netz nahezu jede Information sofort abgerufen werden kann, sondern dass das Internet Kommunikation in beide Richtungen ermöglicht. Der klassische Medienrezipient, der zum einseitigen Empfang von Informationen verdammt war, kann jetzt antworten, in Dialog treten, eine eigene Öffentlichkeit schaffen. Er oder sie ist nicht mehr nur Empfänger, sondern auch Sender und kann unmittelbar aktiv werden. Eine Funktionserweiterung, bei der ein Mausklick tatsächlich eine kleine E-Mail-Lawine lostreten kann.

Am 6. Oktober 2007 fanden sich wie durch Zauberhand zeitgleich in über 50 Bahnhöfen tausende von Menschen zusammen. Fünf Minuten lang wurde getrommelt, gepfiffen und Botschaften gegen die Bahnprivatisierung hochgehalten. Ein Flashmob, den das globalisierungskritische Netzwerk attac organisiert hatte und der nur durch das massenhafte »Weiterleiten« einer Mobilisierungs-Mail zu so einem großen Erfolg werden konnte.

Mit einem ähnlichen Prinzip ist 2004 das Online-Netzwerk Campact gestartet. Inspiriert durch die Erfolge der US-amerikanischen Online-Plattform MoveOn.org erreicht Campact inzwischen rund 350 000 Menschen. Auch bei Campact gilt: Weitersagen hilft, denn ohne das aktive Mittrommeln Einzelner würden am Ende nicht 200 000 BürgerInnen fordern: »Atomkraft jetzt abschalten!« Eine eindrucksvolle Meinungsäußerung, die wiederum selbst Öffentlichkeit schafft. Da sich das politische Instrument von Massenmails an Abgeordnete auf Dauer abnutzt, weil bei wortgleichen Mails gleich der Löschknopf betätigt wird, lassen sich die Online-Aktivisten immer wieder Neues einfallen. Proteste gegen die Privatisierung der Bahn wurden mit einem »Bahnopoly« begleitet, die Wintertagung des Atomforums wurde von einer Menschenkette umzingelt, und Bundesagrarministerin Ilse Aigner schien von Campacts Anti-Gentech-Plakaten in ihrem CSU-Wahlkreis so beeindruckt, dass sie die Aussaat von Genmais verbot.

Eine der ersten Online-Demonstrationen fand schon im Juni 2001 in Deutschland statt, nachdem die Initiativen »Libertad!« und »kein mensch ist illegal« dazu aufgerufen hatten, gegen das Abschiebegeschäft der Lufthansa aktiv zu werden. Die Organisatoren hatten die Demo ordnungsgemäß beim Kölner Ordnungsamt angemeldet und als Versammlungsort www.lufthansa.com angegeben. Über 13 000 Menschen beteiligten sich und taten nichts anderes, als zur angegebenen Zeit die Website des Konzerns aufzurufen – die dann mehr als zehn Minuten weltweit völlig blockiert und auch den Rest des Tages schwer erreichbar war. Die von der Lufthansa daraufhin gestellte Strafanzeige gegen die Initiatoren führte dann zwar zu Hausdurchsuchungen und Beschlagnahmungen bei »Libertad!« und einer Verurteilung wegen Nötigung und Aufruf zu Straftaten, doch im Revisionsverfahren wurde der Domaininhaber freigesprochen. Das Oberlandesgericht Frankfurt stellte fest, dass eine Online-Demonstration »weder das Tatbestandsmerkmal der Gewalt, noch das der Drohung mit einem empfindlichen Übel« erfüllt. Ähnlich wie Sitzblockaden sind solche Online-Aktivitäten also per se erst mal keine strafbare Handlung – und von daher zur Nachahmung empfohlen.

Doch nicht nur auf lokaler Ebene kann Mobilisierung via Web wirken, das zeigt eine Seite wie avaaz.org, die sich in kurzer Zeit zum größten internationalen Web-Campaigner mit über 6,5 Millionen Aktiven aus 193 Ländern entwickelt hat. Ein kleines Team in Rio de Janeiro, Genf, London, New York und Washington betreibt die Website www.avaaz.org in elf Weltsprachen, verschickt Aktions-Mails und schaltet Plakate und Videoclips: etwa zum G20-Gipfel, zur Lebensmittelkrise, zur Homophobie in Uganda oder zur Korruption in Brasilien. Auch wenn einige der Avaaz-Aktionen, wie etwa die für internationale Gentech-Sicherheitsforschung, in vielen Ländern Kritik ernteten, haben sich seit Gründung von avaaz.org im Jahr 2007 über 29 Millionen Menschen an den Online-Aktionen beteiligt.

So erfolgreich sich diese Formen von Online-Protest, ePetitionen und Unterschriftenaktionen auch etabliert haben, vor allem weil sie schnell vom Arbeitsplatz oder Heimcomputer aus zu erledigen sind und so ein hervorragendes Werkzeug der Mobilisierung darstellen, haben sie auch gewisse Nachteile. Im klassischen Top-Down-Prozess kann nur die vorgegebene Kampagnenmeinung unterstützt werden, eigene Ideen und Aktionen einzubringen und MitstreiterInnen dafür zu gewinnen, gestaltet sich etwas schwieriger. Wer nicht die Zeit und Muße hat, einen eigenen Blog zu eröffnen und dort regelmäßig zu schreiben, kann sich unter den mittlerweile 500 000 Blogs im deutschsprachigen Raum schnell einsam und verloren vorkommen. Einen Ausweg bieten hier Plattformen und soziale Netzwerke, die sich auf gesellschaftliches Engagement spezialisiert haben und in denen sich neben engagierten Privatpersonen auch Initiativen und Organisationen vernetzen. Hier kann jede/r eigene Aktionen starten, Termine ankündigen oder einen Blog starten und (anders als bei den Massen von Facebook oder studiVZ) davon ausgehen, auf viele Gleichgesinnte zu treffen. Die beiden erfolgreichsten dieser sozialen Netzwerke sind »greenaction« von Greenpeace und die Bewegungsplattform der *taz*, bewegung.taz.de. Hier posten nicht nur über 600 zivilgesellschaftlich engagierte Organisationen ihre Termine und Aktionen, sondern auch mehr als 3000 Kleingruppen und Einzelpersonen – nach dem Motto: im Netz informieren und dann raus in die Welt, die Wirklichkeit ändern. Und manchmal reicht dazu tatsächlich schon ein Mausklick: Als Antwort auf die Blockaden der Wikileaks-Server durch Amazon und andere große Provider erstellte bewegung.taz.de Anfang Dezember 2010 ein »blockadesicheres« Banner, über das Wikileaks jederzeit erreicht werden konnte. Allein in den ersten zwei Wochen wurde es auf über 1000 Webseiten eingebunden. Auch wenn die Welt damit nicht gerettet wurde, ein deutliches Ausrufezeichen wurde gesetzt: für die Freiheit des Internets – und die Möglichkeiten, die Information und Vernetzung für zivilgesellschaftliche Veränderungen in Zukunft bieten.

www.bewegung.taz.de
www.campact.de
www.greenaction.de

45 *Durch kluge Teilnahme aktiv werden im globalen Dorf*

Das Netz ist zu wertvoll, um es nur passiv zu nutzen.
Soziale Netzwerke können zur Verbesserung der Welt beitragen.
Von Dilek Zaptcioglu

Natürlich frisst das Ganze unheimlich viel Zeit und hat bedenkliche Nebeneffekte wie den eventuellen Verlust der Privatsphäre, den Voyeurismus und die körperliche Bewegungslosigkeit. Aufstehen, herausgehen und Freunde in der realen Welt treffen, ist natürlich das Normale. Aber wir leben nun einmal im Zeitalter des Internets und es ist nicht das schlechteste: Das Netz ist das, was du aus ihm machst. Meine These ist, dass das Internet zunehmend zur Verbesserung der Welt beitragen wird – mit unserer klugen, geduldigen und ausgewählten Teilnahme.

Wenn einmal die ganze Welt im Visier ist und das Gespür für die Probleme und Gemeinsamkeiten zwischen allen Erdenbürgern entstanden ist, dann geht man wie selbstverständlich dazu über, sich die Lösungen auch nur im globalen Rahmen vorzustellen. Die Unterschiede bleiben, werden jedoch unwichtig. Der Blick für das Wesentliche wird durch die Kommunikation im Netz geschärft. Es bildet sich das Gefühl, einer von vielen zu sein, die durch kluges Handeln zu längst überfälligen Veränderungen beitragen können. Dafür gibt es viele Möglichkeiten: Facebook, msn, Skype, die eigene Webseite, das Bloggen, das Mitdiskutieren in Foren oder die aktive Teilnahme an Kampagnen, indem man – wie im Falle von Wikileaks – seinen Computer freiwillig mit anderen vernetzt. Nichts ist so stark wie ein Bild, kein Wort mächtiger als ein guter Slogan, hinter dem sich im Nu Hunderttausende versammeln können. Nichts ist besser als das Gefühl, jenseits von verknöcherten Ideologien und schwerfälligen politischen Parteien zu einer Gemeinde von intelligenten und demokratisch denkenden Menschen zu gehören, die gemeinsam verantwortlich handeln. Nichts geht mehr ohne unsere aktive Teilnahme im Internet.

Eine meiner Facebook-Bekannten lebt in München und arbeitet seit Jahrzehnten im Bereich Migration. Ihr Vater ist Araber, ihre Mutter Österreicherin. Durch mich lernt sie in Istanbul einen Autoren kennen, der, nur wenige Straßen von ihr entfernt, ebenfalls in München wohnt und sich den Kopf darüber zerbricht, was man für das friedliche Miteinander in der Gesellschaft tun könnte. Heute hat er ein Video gepostet, das ich gleich weiterreiche. Denn inzwischen interessiert sich auch ein jüdischer Freund von meiner deutschen Schule in Istanbul für die Probleme der Obdachlosen in Westeuropa. Dieser Freund hat sich über mich mit einer kurdischen Bekannten angefreundet, die eigentlich in Köln lebt und die ich dort einmal auf einer Lesung kennengelernt hatte. Aynur schickt nicht nur Videos von kurdischen Liedermachern, sondern liebt auch Istanbul und die türkische Literatur. Je länger ich ihre Beiträge verfolge, desto besser verstehe ich die Kurden und ihren Drang nach Anerkennung. Ich sehe aber auch, dass sie nie auf ihre türkische Seite wird verzichten können. Meine Freundin in Teheran, selbst eine engagierte Muslimin, erzählt von der Opposition, und ein Bruchteil in ihrem Satz (»unsere Faschisten hier«) spricht Bände. Morgens, wenn ich meinen Computer einschalte, werde ich mit Begrüßungen und Nachrichten überschüttet und fühle mich buchstäblich vernetzt. Es entsteht in meinem Kopf ein Gesamtbild von *der* Welt und *uns*.

Das Argument, dass wir nur noch am Bildschirm sitzen und auf irgendetwas klicken, während sich da draußen das wahre Leben abspielt, überzeugt mich immer weniger. Ich sehe ganz konkret die Möglichkeit, gerade diese Realität »da draußen« durch die Organisation »hier am Computer« zu verändern. Zum Beispiel unser Kampf für den Erhalt der großen Grünfläche in unserem Istanbuler Kiez Kuzguncuk, für die das zuständige Amt über Nacht eine Baugenehmigung erteilte. Im Nu formiert sich eine Aktionsplattform – zuerst im Kaffeehaus der Männer um die Ecke, aber dann sofort im Netz. Eine Mailgruppe, drei Videoclips und schließlich eine Webseite, auf der jeder, ob er hier wohnt oder nicht, unseren Aufruf unterschreiben kann. Schließlich haben auch wir nicht so viel Zeit, um uns ständig im Kaffeehaus zu versammeln. Yavuz in Hamburg und

Mustafa in New York unterschreiben genauso wie Ursula und Jürgen in Istanbul. *Etwas* geht in die weite Welt hinaus und kehrt multipliziert zurück. Es gibt uns allen das Gefühl, aktiv geworden zu sein. Ja, wir sind wirklich aktiv und verhindern die Einbetonierung der Grünfläche in unserem Stadtteil. Und das ohne tagelange, nervenaufreibende Sitzungen. Wir vernetzen unsere Köpfe und müssen aus Zeitmangel und weil wir uns ja nicht gegenübersitzen, unsere starken Egos zurückhalten.

Ein wichtiger Nebenaspekt ist, dass andere Bürger und Bürgerinitiativen, ja auch überall in der Welt, voneinander erfahren, sich gegenseitig unterstützen und – nicht zuletzt – psychischen Auftrieb bekommen. Die Mitte Dezember neu vorgestellte Webseite www.jumo.com könnte noch wesentlich dazu beitragen und die Zusammenarbeit sozialer Bewegungen revolutionieren: Erstmals in der Geschichte werden Organisationen, die in ihren Heimatorten für Umweltschutz oder Frieden, gegen Armut und Ungleichheit kämpfen, global miteinander vernetzt. Durch das Facebook-Profil ist es auch für Einzelpersonen ganz einfach, sich bei Jumo zu registrieren. Das Netzwerk dient nicht nur dem gegenseitigen Kennenlernen, sondern erleichtert die Möglichkeiten der Planung und Durchführung gemeinsamer Aktionen enorm.

Das Netz ist viel zu wertvoll, um es nur passiv zu nutzen. Im besten Falle formiert sich durch kluge Teilnahme und die Bejahung der neuen Möglichkeiten des Widerstands und des Kampfes langsam eine Weltgesellschaft, in der kluge und gutherzige Menschen ihre Ideen und Energien bündeln, um eine wirklich bessere, egalitäre, ökologisch sinnvolle und zukunftsträchtige Lebensform für alle zu schaffen. Das Netz ist das, was wir aus ihm machen. Eine eigene Seite im www.facebook.com oder ein Blog (www.blogspot.com/ www.blogger.com) sind schnell einzurichten. Unter www.scribd.com können Dokumente oder Artikel publiziert werden.

46 *Wider den ungeschützten Datenverkehr*

Wer das Netz nutzt, tut das noch immer häufig unverschlüsselt und kann so potentiell abgehört werden. Dabei existieren seit vielen Jahren einfache Kniffe, die das verhindern könnten.
Von Ben Schwan

E-Mails sind wie Postkarten. Eigentlich sollte diese Aussage eine Binsenweisheit sein, denn nach wie vor verschickt die große Mehrheit aller Internetnutzer ihre elektronische Post im Klartext durch das wilde Netz. Auf dem Weg zum Empfänger kann sie an vielen Stellen abgehört werden – beim Internetzugangsanbieter, an Netzknotenpunkten, irgendwo auf der Leitung. Das tun böswillige Hacker, ermittelnde Polizeibeamte oder Schlapphüte – es ist ihr tägliches Brot.

Das Erstaunliche: Niemand zwingt die Menschen, ihre privatesten Geheimnisse potentiell für alle lesbar auf die Reise zu schicken. Verschlüsselungsprogramme sind nicht verboten, sie müssen nur genutzt werden. GnuPG, der Nachfolger des viele Jahre wichtigsten E-Mail-Verschlüsselungsprogramms PGP, steht jedem kostenlos zur Verfügung, einbaubar in fast jedes Postprogramm des Planeten. Doch es gibt ein Problem: Die verschlüsselte Kommunikation klappt nur, wenn beide Seiten die gleiche Technik einsetzen und vorher ihre öffentlichen Codes austauschen, mit denen Post dann unleserlich gemacht wird.

Solange man seinen gesamten Freundeskreis noch nicht davon überzeugt hat, sollte man zumindest darauf achten, dass man seine Post geschützt versendet und empfängt. Den E-Mail-Dienst Google Mail kann man beispielsweise teilverschlüsselt nutzen, wenn man die entsprechende Funktion (SSL) in den Einstellungen anwählt – Zeitkosten: 15 Sekunden. Dann ist zwar noch nicht die Mail an sich verschlüsselt, doch immerhin kommuniziert man vom eigenen Rechner aus mit dem von

Google, ohne dass dabei zugesehen werden kann. Wer seine Post bei einem anderen E-Mail-Anbieter mit einer eigenen Software abfragt, sollte wiederum darauf achten, dass dies verschlüsselt geschieht.

Doch E-Mails sind nicht das einzige Klartextübel im Netz. Auch die rasant populär werdende Internettelefonie kennt standardmäßig keine Verschlüsselung. Auch hier können sich böse Mächte in die Leitung einhängen und mitlauschen. Dieses Problem lässt sich leider nur mit Mühe lösen. Viele Anbieter von Internettelefonie bieten gar keine Verschlüsselung an – hier würde nur Druck der Kunden helfen. Alternativ kann man zu Systemen greifen, die verschlüsseln – Skype beispielsweise. Aber auch hier gibt es Experten, die der Sache nicht trauen. Der Grund: Wie Skype verschlüsselt, sagt Skype nicht. Bei Chats ist es ähnlich: egal ob AIM, Yahoo Messenger oder ICQ – alles unverschlüsselt. Es gibt allerdings Gegenmaßnahmen. Wer Besitzer eines Apple-Rechners ist und den Internetdienst MobileMe nutzt, kann im eingebauten Chat-Programm iChat mit Partnern verschlüsselt kommunizieren. Die Open-Source-Software GAIM kann kostenlos auf Windows-PCs sichere Chats absolvieren. Aber auch hier gilt wie bei E-Mails: Beide Seiten müssen verschlüsseln, eine allein reicht nicht. Sie müssen Ihren Freundeskreis also schon motivieren, mitzuziehen.

Was für E-Mails, Chats und Internettelefonate zutrifft, gilt fast immer auch für andere Formen der Kommunikation im Netz. Die in den letzten Jahren so beliebten »Web 2.0«-Angebote wie das soziale Netzwerk Facebook oder der Kurznachrichtenservice Twitter laufen standardmäßig unverschlüsselt. Das bedeutet, dass hier auf dem Weg vom Nutzer zu den Rechnern der Betreiber ebenfalls mitgelauscht werden kann, wenn sich jemand dazwischenschaltet.

Was das in der Praxis heißt, lernen meistens nur die, die dadurch zum Opfer wurden. Im Herbst 2010 erschien ein kleines, kostenloses Programm, mit dem man diese Gefahren demonstrieren konnte. Es hieß Firesheep (Feuerschaf) und ließ sich in den beliebten Web-Browser Firefox integrieren. Damit ausgerüstet, konnten Amateurhacker in Internetcafés auf die Jagd gehen. Dort surfen zumeist alle gemeinsam in einem großen Drahtlosnetz, und wer da nicht selbst verschlüsselt, kann sehr leicht abgehört werden. Genau das war mit Firesheep möglich: Das Programm erlaubte es, Sitzungen bei Facebook, Twitter und zahllosen anderen Internetangeboten »zu entführen«. Das hieß: Wer in einem Netz mit Firesheep surfte, bekam dann mit zwei Mausklicks seinen Facebook-Zugang gestohlen. Der Angreifer konnte das Profil beliebig manipulieren und sogar das Passwort ändern. Und das alles nur wegen fehlender Verschlüsselung, die viel zu viele Anbieter bislang aus Kostengründen oder schlichter Faulheit nicht aktivieren.

Auch hier gibt es jedoch Abhilfe. Die Netzbürgerrechtsorganisation Electronic Frontier Foundation (EFF) hat ein kleines Programm namens HTTPS Everywhere entwickelt, das dafür sorgt, dass auf vielen Seiten von der Suchmaschine Google über Facebook bis zum Online-Lexikon Wikipedia das Schloss-Icon (als Anzeige einer »sicheren« Webseite) im Browser standardmäßig aufleuchtet. Das Werkzeug kostet keinen Cent und ist innerhalb von 30 Sekunden installiert. Für Datenschutz plädieren heutzutage nahezu alle. Es wird Zeit, das jede/r persönlich damit anfängt.

http://www.gnupg.org/
http://gaim-encryption.sourceforge.net/
https://www.eff.org/https-everywhere

47 *Word it yourself*

Souverän ist, wer über die Wortwahl entscheidet. Die Demokratisierung der Medien gibt allen die Chance, die Sprache aktiv zu verändern.
Von Detlef Gürtler

Wörter sind Macht. Manchmal zumindest. Wo um Begriffe gestritten wird, geht es bisweilen nicht nur um die Deutungshoheit, sondern auch um handfeste gesellschaftliche Konflikte. Legendär ist der Streit um Atomkraft (tendenziell böse) und Kernkraft (tendenziell gut) aus den 1970er Jahren und aus den 1980ern die Frage, ob die Nato einen (harmlosen) Doppelbeschluss oder einen (bedrohlichen) Nachrüstungsbeschluss gefasst hatte. Sage mir wie du es nennst, und ich sage dir, wo du stehst.

»Souverän ist, wer über den Ausnahmezustand entscheidet«, befand Carl Schmitt im Jahr 1922. Und meinte damit den Souverän als Substantiv. Wenn wir das Wort eine Nummer kleiner nehmen, also als Adjektiv klein schreiben, landen wir nicht im Staatsrecht, sondern in der Sprache – souverän ist, wer über die Wortwahl entscheidet.

Früher bewegte man sich da in kleinen, exklusiven Kreisen. Bis ins 19. Jahrhundert waren es Kirche, Staat und Schriftsteller, die Begriffe prägten und verbreiteten. Besonders produktiv war vor 500 Jahren Martin Luther, dem wir unter anderem die Wörter Feuertaufe, Bluthund, Machtwort, Gewissensbisse, Lästermaul und Lockvogel verdanken, vor 200 Jahren Johann Wolfgang von Goethe, auf den etwa die Weltliteratur und die Wahlverwandtschaften zurückgehen, und 1874 die Deutsche Reichspost. Drei Jahre nach dem militärischen Sieg über die Franzosen verdrängte sie das Französische auch aus der Postsprache, indem sie gleich 760 Fremdwörter auf einmal eindeutschte und dabei unter anderem das Einschreiben und die Postkarte erfand.

Dann kamen neue Kräfte ins Spiel:

- die Unternehmen, die mit Sprache ihre Ware verkaufen wollen. So wie Bahlsen, die vor ziemlich genau 100 Jahren die englischen Cakes dankenswerterweise in Keks umbenannten, die AEG, die 1908 ihren Haartrockner auf den Markennamen Fön taufte, Sony mit dem Walkman von 1979 oder die Deutsche Bahn, die den Zugbegleiter erfand, um den gravitätischen Schaffner in die Dienstleistungsgesellschaft zu transferieren
- die Werbung, die sich immer wieder neue Wörter einfallen lässt, um Waren als besonders neu und besonders besonders zu verkaufen – von unkaputtbarer Ersatzflüssigkeit bis zum aprilfrischen Milchjieper
- und natürlich die Medien, die die Sprache als Ware verkauften. Schon das Wort »Käfer« entstammt einer Reportage der *New York Times* aus dem Jahr 1936 über die deutschen Autobahnen, und der Nachrichtenagentur AP fiel es 1965 ein, ein frisch unterzeichnetes Schriftstück, das offiziell »Nonproliferationsvertrag« hieß, in Atomwaffensperrvertrag umzutaufen.

Sie alle sind immer noch da. Allein in den Medien findet das Neologismen-Portal Wortwarte des Potsdamer Linguisten Lothar Lemnitzer etwa 50 Neuwörter – pro Woche! Aber es ist in den letzten Jahren noch jemand dazugekommen: wir. Wir können Wörter nämlich nicht mehr nur konsumieren (das war schon immer so), sondern wir können sie auch produzieren und verbreiten. Die Demokratisierung der Medien, die eng mit dem Aufstieg des Internets verbunden ist, führt auch zu einer Demokratisierung der Sprachproduktion. Jeder und jede hat die Chance, die Sprache aktiv zu verändern.

So wie Thomas Kosinar. Am 18. November 2010 nannte er in einem Facebook-Eintrag die bei Googles Street View verpixelten Häuser »Google Street Burka«. Über Blogs und Tweets ging der Begriff innerhalb weniger Stunden um die Welt – und wurde noch am gleichen Tag in der *Welt* säuerlich als Spottwort aus dem Ausland apostrophiert. Oder wie jene Wendland-Aktivisten, die sich im August 2010 für eine neue Form des Widerstands gegen Castor-Transporte das Verb »schottern« einfallen ließen. Im Zusammenhang mit den Aktionen gegen den Transport Anfang November machte das Wort Karriere, brachte es einen Monat später bereits auf mehr als 50 000 Treffer bei Google und wurde von der Linke-Fraktion im nordrhein-westfälischen Landtag als Neuwort des Jahres nominiert.

Nicht jedes neue Wort muss gleich so rabiat die Machtfrage stellen, um Wortmacht zu entfalten. Das Wort Facefreund beispielsweise, Anfang 2010 im *taz*-Blog Wortistik von Christian Dombrowski vorgeschlagen, ist einerseits ganz pragmatisch hilfreich, um zwischen »echten« Freunden und den bei Facebook ebenfalls so genannten Kontakten zu unterscheiden. Und es macht andererseits in knappster Form klar, dass es einen solchen Unterschied überhaupt gibt. Der Begriff »Breitwagen« wiederum, auf den mein damals sechsjähriger Sohn Clemens Ende 2007 kam, ist nicht nur eine passende Übersetzung für die noch immer verwendete Bezeichnung SUV (Sport Utility Vehicle), sondern auch ein deutliches Statement, dass es sich bei diesen Blechsauriern eben nicht um »Geländewagen« handelt, da sie so gut wie nie abseits der Straße gefahren werden.

Für die Vertreter der alten Wortmachteliten ist eine solche Demokratisierung der Sprachentwicklung eine Gefahr. Wolf Schneider (für manche ein Sprachpapst, für andere ein Sprachnörgler), der einst den *Spiegel* als »obersten Verhunzer der deutschen Sprache« verbellte, sieht heute das Internet in dieser Rolle, weil die enorm gesteigerte Quantität an geschriebenen Wörtern zu einer Verminderung der Qualität führe. Eine ebenso elitäre wie fragwürdige Position: Das Schöne an Neuwörtern ist doch, dass sich nur durchsetzt, was von den Sprechenden auch akzeptiert wird; alle danebengegangenen Versuche verschwinden lautlos wieder, ohne den geringsten Schaden zu verursachen. Aber jedes neue Wort, das seinen Weg in den Wortschatz findet, ist automatisch eine Bereicherung für die deutsche Sprache. In diesem Sinne: Bereichert euch! Und uns alle.

www.wortwarte.de

48 *Rein in den Anzug, Guerillero!*

Wirkt, schmeckt und weckt: mit Kommunikationsguerilla in wenigen Schritten spielerisch und subversiv zum Selbstdenken anregen.
Von Jean Peters und Luther Blissett

Wir alle denken und handeln in Kategorien. Das ist unheimlich praktisch im Alltag, und vor allem beruhigend. Auf dem Weg zur Arbeit sehe ich überdimensionale halbnackte Frauen, die meine Lust auf ein Milchprodukt steigern sowie eine Truppe wilder bunter Menschen mit Plakaten, die meine Sehnsucht nach Ökostrom wecken wollen. Klick – Joghurtwerbung. Klick – Anti-Atom-Demo. Praktisch, verständlich, kategorisierbar. Beruhigend. Es hat seine Ordnung.

Protest ist in Ordnung, solange ich ihn einordnen kann. Wenn eine Punkerin mir sagt, der Kapitalismus sei scheiße und die Erfindung des Geldes das Kernproblem menschlicher Entfremdung, ist das stimmig und hat seine Ordnung. »Klar, du bist ja auch Punkerin.« Solange nicht die Weltbank selbst plötzlich alles Geld zu Spielgeld erklärt, mache ich erst mal weiter wie gehabt. Was sollte ich auch tun? Nun, vielleicht genau das: Ich könnte alles Geld zu Spielgeld erklären. Wenn ich das hinkriege, dann wäre das Kommunikationsguerilla. Das Spiel mit Kategorien.

Ich könnte mich als hohes Tier von der Weltbank ausgeben – Anzug an, Haare ab, drum und dran – und als solches ankündigen, wirksam mit dem 1. Januar 2012 sei alles Geld weltweit nur noch wertloses Spielgeld. Meine Freundin Marta hat Ökonomie studiert und wird sicherlich einen Text in überzeugendem Weltfinanzsprech schreiben können, der erklärt, warum Geld die Wurzel gegenseitiger Ausbeutung ist. Und Walter, mein arbeitsloser Nachbar, ist Grafiker und Webdesigner. Mit ihm basteln wir Plakate, und wenn wir gut sind, kriegen wir sogar eine glaubwürdige Weltbank-Webseite hin, die alles untermauert. Für Wikileaks & Konsorten denken wir uns dann noch eine Reihe hochgeheimer interner Dokumente aus, in denen Bankenchefs aus aller Welt im Vorfeld schimpfen und drohen. Und raus mit der Meldung! Im besten Fall werden Medien darüber berichten, und es kommt eine Diskussion über Alternativen zum Geldwesen in Gang. Vielleicht sind sogar ein paar *FAZ*-LeserInnen ins Grübeln gekommen über das revolutionäre Konzept eines eigentumsfreien Lebens. Und der Mythos, dass es zum Kapitalismus keine nennenswerte Alternative gibt, ist wieder ein klein wenig mehr aufgeweicht worden.

Jetzt schmunzeln Sie über die sympathische Frechheit dieses Beispiels. Aber das geht doch nicht, oder? Ist das nicht verboten? Und überhaupt: Walter hat dann eh keine Zeit … vielleicht halt ich mich lieber raus?

Hey, es ist einfach eine Form, einen Umdenkprozess anzuzetteln. Ein Prinzip. Und es wirkt. Jeder und jede kann selbst entscheiden, was und wie es gemacht wird. Nur ein paar Tipps, wie unsinnige Kategorien in unseren Köpfen ein wenig aufgebrochen werden können:

Spiele mit der Macht anderer

Während »direkte Aktion« vor allem bedeutet, an einer Autorität vorbei zu handeln, handelt der Kommunikationsguerillero durch sie hindurch. Klein Anna, fünf, macht eine direkte Aktion, wenn sie im unbeobachteten Moment zur Keksdose greift und sie unter der Bettdecke leerfuttert. Eine Guerilla-Aktion wäre es, wenn sie einen Brief von Mama fälschen würde, Papa solle Anna doch bitte die Kekse geben, das sei abgemacht. Sie würde dann die Stimme, die Entscheidungsposition ihrer Mutter nutzen, indem sie mit ihrer Stimme durch sie hindurchgeht. Nun könnte Anna das Ganze noch professionalisieren: Sie könnte ihre Schwester fragen, ob sie ihr hilft, ein Videofilmchen von Mama so zu manipulieren, dass sie darauf zu hören ist, wie sie eine Keksdiät für Anna konzipiert. Sie könnte einen fingierten wissenschaftlichen Artikel über den Zusammenhang von Blutreinigung und Keksen in die medizinische Fachzeitschrift von Papa kleben und ein Anti-Keks-Propagandaplakat an ihre Kinderzimmertür hängen.

Rede um die Ecke

Auf einem politischen Flyer finden wir meistens recht dröge ausgebreitet, was eine Partei oder Bürgerinitiative so denkt. Klein Anna gibt aber Papa nicht einfach schwarz auf weiß ihr Anliegen preis. Sie verkleidet die Wirklichkeit so, dass Papa zunächst irritiert ist. Er muss nachdenken, wird vielleicht lachen oder sauer sein. Ob er den Schwindel durchschaut oder nicht – er wird letztlich mehr über Kekse und ihre potentielle Heilkraft nachgedacht haben als bei einer »linearen« Erklärung der Angelegenheit. Er kommt kaum umhin, seine bislang feste Annahme zu überdenken, Kekse in Massen seien ungesund für Kinder.

Spiele mit ideologischen Annahmen

Aber nehmen wir einmal an, Anna, Walter, Leila und ich täten uns zusammen. Was uns verbindet, ist der Blick hinter die Kulissen in den Köpfen. Und damit spielen wir – wir nehmen die Rolle der Anders-Handelnden ein und drehen die Grundannahmen offiziell um: Für einen Moment erscheint es als Konsens, dass Geld ungesund ist. Alle, die das mitbekommen, sind aufgefordert, sich darüber mal genauer Gedanken zu machen – und herauszufinden, was sie selbst denken.

Vorsicht: Mögliche Hinweise auf die Legitimität bestimmter Straftaten sind reiner Zufall und nicht beabsichtigt. Jede und jeder sollte sich gut die Konsequenzen seiner Handlungen überlegen und keinen Quatsch machen, der der Gesundheit anderer Menschen schadet.

www.go-stop-act.de
http://kreativerstrassenprotest.twoday.net
Buchtipps: Luther Blissett, Sonja Brünzels, autonome a.f.r.i.k.a. gruppe (Hg.): *Handbuch der Kommunikationsguerilla*, Berlin, 5. Auflage 2001
CrimeInc Ex-Worker's Collective (Hg.): *Recipes for Disaster. An Anarchist Cookbook*, Crimethink 2004
Marc Amann (Hg.): *go.stop.act! Die Kunst des kreativen Straßenprotests. Geschichten – Aktionen – Ideen,* Frankfurt, 3. Auflage 2011

49 *Beschweren im Chor*

Überall auf der Welt gründen sich Beschwerdechöre. Ihre Mitglieder beschimpfen und besingen Missstände aus voller Kehle.
Von Johannes Gernert

Vielleicht ist das einfach eine Erfindung, die sich eine Finnin und ein Deutscher gemeinsam ausdenken mussten. Vielleicht fällt einem so etwas ein, wenn man aus einem skandinavischen Land kommt, auf dem die meiste Zeit des Jahres schwer die Dunkelheit liegt. Aus einer Region, wo Mücken und Schnee sich um die Wette vermehren, wo man Wodka gegen die Last des fehlenden Lichts trinkt und traurigen Tango tanzt. Und vielleicht braucht man dazu die ergänzende Perspektive einer Bundesbeschwerderepublik, die zwar wesentlich häufiger von der Sonne beschienen wird und trotzdem nicht nur im Export Weltmeister ist, sondern vor allem auch darin, hörbar zu klagen. Im Zweifel lieber dagegen zu sein, und zwar möglichst wahrnehmbar und laut. Sei es nun ein unterirdischer Bahnhof, eine überirdische Olympiade oder ein außerordentlich nerviger Nachbar. So sieht die Welt die Deutschen.

Wenn nun also eine aus Finnland und der andere aus Deutschland stammt, dann muss man womöglich einfach einen Ausweg suchen aus dieser Beschwerdedüsternis, einen Weg, mit all dem gefühlten Übel umzugehen. Oliver Kochta-Kalleinen und seine Frau Tellervo haben diesen Weg gefunden. Im Grunde besteht er schlicht darin, all den Beschwerden in etwas anderer Form Ausdruck zu verleihen. Im Zweifel sogar viel lauter als sonst, dafür aber auch melodischer. Das finnisch-deutsche Paar hat eine neue Instanz geschaffen: den Beschwerdechor.

Als Deutscher hat Kochta-Kalleinen beschlossen, gar nicht erst zu versuchen, das Beschwerdewesen abzuschaffen. Er hat die Beschwerdeströme nur umgelenkt, weil er der Meinung war, man müsse all die Energie besser nutzen, die viele Menschen in ihre täglichen Klagen investieren. Kochta-Kalleinen ist also nicht nur Künstler, sondern auch ein Aktivist für mehr Energieeffizienz. Und zwar dort, wo man solche Ansätze bisher viel zu selten verfolgt hatte.

Mittlerweile, das zeigt die Seite complaintschoir.org, haben sich überall auf der Welt Beschwerdechöre gegründet. Es gibt sie nicht nur in Helsinki, wo Kochta-Kalleinen und seine Frau das erste Sängertreffen initiierten, es gibt auch welche in Hamburg, im russischen St. Petersburg, im spanischen Sevilla oder in Chicago in den USA. Überall treffen sich Menschen, sammeln die

Beschwerden, die ihnen beim Arbeiten, beim Putzen oder Fernsehgucken einfallen, und singen sie in die Welt hinaus. Das Prinzip hat das Künstlerpaar aus Finnland und Deutschland vorgegeben: Man notiert alles, was den Leuten einfällt, und reiht es dann in einer Beschwerdesuada aneinander. Ein Musiker sollte auch dabei sein, der sich eine Melodie dafür ausdenkt.

Im Zentrum steht die ungefilterte Beschwerde: »Der absurdeste Radweg der Stadt führt direkt nach Wilhelmsburg, durch dunkle Tunnel, tausend Schlaglöcher und über eine Treppe an der Argentinienbrücke.« So singen sie es in Hamburg. Wer schon an dieser Stelle das Bedürfnis verspürt, sich darüber zu beschweren, dass da doch der Reim fehlt, der sollte vielleicht am einfachsten einen Flyer verfassen und ein paar andere Leute zu einem Beschwerdechortreffen einladen.

Es ist eine sehr versöhnende und charmante Art, sein Leid zu klagen. Um das zu erleben, muss man gar nicht erst bei dem großen Konzert gewesen sein, das etwa der Beschwerdechor in Köln veranstaltet. Es genügen ein paar Klicks auf der Videoseite YouTube. Da versammeln sich einige der Beschwerdechöre dieser Erde. Auch das ist nur konsequent, schließlich hat sich das Internet im 21. Jahrhundert zur obersten Beschwerdestelle der Nationen entwickelt. Wenn einen etwas allzu sehr nervt, schreibt man es in irgendein Online-Forum. Zu den Angeboten zählt nun auch beschwerdechor.de, wo unter der Rubrik Beschwerdestelle mannigfaltigste Meckereien einlaufen. Die Aktivisten des Kölner Chors verwerten diese für ihre Auftritte.

»ich beschwere mich über alle hunde, die mich nicht beachten, wenn ich sie anbelle«, schreibt da einer als »erwin furtkamp«. Eine »Ottilia Sommer« regt sich ein paar Zeilen weiter über wilde Plakatierungen auf. »Computer funktionieren öfters nicht«, beklagt »Beata Fardir«. Die Computer zählen zu den Klassikern. Die tauchten bei Oliver Kochta-Kalleinen schon vor Jahren auf. So klingt der Stoff für ein Beschwerdechormanuskript.

In Berlin haben sie sich vor zwei Jahren über die Schulklos aufgeregt – die immer so gestunken haben. Und über den Lehrer, der ständig spuckt. Da hatte Doreen Kutzke in einem Nachbarschaftshaus einen Beschwerdechor für Schüler initiiert. »Ihr braucht nicht denken, dass ihr da jetzt ganz dolle Dinger liefern müsst«, hat die Musikerin den jungen Leuten gesagt. Und damit den Kern des Beschwerdechorprinzips formuliert. Alles kann raus. Wenn es raus muss. Sei es der Ärger über den Radweg in Wilhelmsburg, über die Wimperntusche, die verläuft, oder über die doofe Steuererklärung. Nichts ist zu banal, dass man sich nicht in einem Chor darüber beschweren könnte.

Wie man das ganz pragmatisch in neun Schritten tut, das erläutern die Erfinder auf ihrer Homepage. Am Anfang steht ein Flyer, am Ende ein Video, zwischendurch einige Proben und möglichst gute Verpflegung. Der Titel der Anleitung: do it. Wem das zu kompliziert erscheint, der muss sich anderswo beschweren.

www.complaintschoir.org
www.beschwerdechor.de

50 *Die neue Großfamilie*

Mehrgenerationen-Wohnprojekte sind soziale Labore, Experimentierfelder künftigen Zusammenlebens, neue Dörfer – auch in Städten.
Von Kathleen Battke

»Ich kann mir eigentlich gut vorstellen, wenn ich alt bin, dass ich dann immer noch mit meinen Eltern zusammen wohne« – so sinnierte einer der Kinderreporter, der jüngst auf Initiative des Westdeutschen Rundfunks das Mehrgenerationen-Wohnprojekt Amaryllis eG in Bonn unter die Lupe nahm. Das können sich nicht alle so vorstellen. Dass wir immer älter werden, führt allerdings in Deutschland jetzt schon zu immer mehr Familien, die drei Generationen umfassen; in rund 30 Prozent der Familien tummeln sich sogar Kinder, Eltern, Großeltern und Urgroßeltern. Nur leben die im Unterschied zu früheren Zeiten längst nicht mehr alle unter einem Dach und haben auch den direkten Generationenvertrag, bei dem alle für alle lebenslang einstanden, längst gekündigt. In den Kleinfamilien sind oft beide Eltern berufstätig und müssen sich nicht nur Gedanken um die Versorgung ihrer Kinder machen, sondern sich auch noch um die Pflege ihrer eigenen Eltern kümmern. Die Lösungen bisher: Ganztagsbetreuung für Kinder, Heime für die Alten. Glücklich macht das selten – weder Kinder noch Alte, noch die Generation dazwischen.

Eine mögliche Lösung sind Mehrgenerationen-Wohnprojekte. »Ich suche mir meine Familie selbst aus« war deshalb der Impuls für viele, die heute in einem der immer zahlreicher werdenden Mehrgenerationen-Wohnprojekte in Deutschland leben (rund 60 sind aktuell auf der Internetseite www.wohnprojekte-portal.de registriert). Auch für unser Projekt Amaryllis in Bonn war das der gemeinsame Grund, auf den sich alle stellen konnten: Schluss mit der Reihenhaus-isolierten Kleinfamilie, raus aus der Vereinsamung nach Scheidung oder nach dem Tod von Lebensgefährten.

Das muss nicht gleich ins Emotionale ausarten: gegenseitige Hilfe im Alltag, mal zusammen kochen und dazu ein Schwätzchen am Wegesrand reichen den meisten schon aus für mehr Lebensqualität. Bei Amaryllis sieht das so aus: Wir knapp 70 BewohnerInnen – 50 Erwachsene und 20 Kinder/Jugendliche – leben in drei Häusern mit 30 Wohnungen von Single bis zur fünfköpfigen Familie, darunter eine Seniorenetage mit drei Appartments plus gemeinsamem Wohnzimmer/Balkon. Begegnungsfördernd sind die großzügige Gemeinschaftsetage mit zwei Räumen, Bibliothek und Küche, drei Kammern (eine pro

Haus) mit Wasch- und Gefrierschränken, ein Werkraum und ein locker unterteilter Riesenkeller sowie die thematisch unterteilten Gartenanlagen und Terrassen (zum Beispiel Nutzgarten, Ruhebereich, Aktivität). Für alle nutzbar ist ein Gäste-Appartment. Die Haushalte agieren autark, machen aber viel gemeinsam.

Dieses »Leben und leben lassen« ist ein ähnlich wichtiger Wert wie Teilhabe, Gemeinschaftskultur und Selbstverwaltung oder abgesichertes, verlässlich kostengünstiges Wohnen mit Planungshorizont. Mehrgenerationen-Wohnprojekte sind soziale Labore, Experimentierfelder künftigen Zusammenlebens, neue Dörfer (auch in Städten). Als Bewohner von »Amaryllis« bewegen wir uns darin zwischen Begeisterung und Überforderung, Ernüchterung und Hoffnung. Verzichten will so schnell keine und keiner auf die Chance, die darin liegt.

»Mich würde am meisten nerven, wenn man immer so Sachen besprechen muss«, sagt einer der Kinderreporter am Ende seiner Recherche. Da hat er recht: Das nervt oft. Aber es verbindet auch. Wichtige Faktoren für den Erfolg eines Mehrgenerationen-Wohnprojektes sind nach unseren Erfahrungen:

- eine kleine, starke und kompetenzgemischte Kerngruppe, die den Mut hat anzufangen und die die Idee zumindest durch die Klippen der Pionierphase steuert
- eine kraftvolle, in den Grundzügen geteilte Vision
- mindestens einen Menschen in der Kerngruppe, der Freude an Zahlen und Finanzmanagement hat (besser zwei!)
- ausreichend Interessierte, die biografisch gesehen diese Lebensform sowohl *wollen* (Erfahrung, Motivation) als auch *können* (Kraft, ökonomische und zeitliche Möglichkeiten)
- Pioniergeist – also die Bereitschaft, neue Wege zu gehen und sich entsprechenden Widrigkeiten zu stellen
- die Bereitschaft, viel selbst zu machen (wer Selbstverwaltung nicht als Freiheitsgewinn sieht, wird viele Anlässe zum Klagen finden)

- die Fähigkeit, Konflikte früh zu erkennen und sie kreativ auszutragen
- die Offenheit für (Selbst-)Reflektion und persönliches Wachstum
- die Souveränität, sich (früh genug!) Hilfe und Begleitung zu holen.

Was kann ich selbst tun?

1. Verschaffen Sie sich einen Eindruck davon, was es schon gibt, mithilfe der Links und Hinweise unten.
2. Sprechen Sie mit anderen darüber – möglichst aus verschiedenen Generationen.
3. Besuchen Sie gemeinsam ein entsprechendes Projekt in der Nähe (die meisten bieten Besichtigungstermine oder Kennenlern-Workshops an; die Amaryllis eG zum Beispiel öffnet viermal im Jahr ihr Infocafé. Termine auf den jeweiligen Websites).
4. Suchen Sie zwei bis vier Gleichgesinnte für eine stabile Kerngruppe und erkunden Sie Ihre Vision vom Zusammenleben und Ihre Ressourcen.
5. Fangen Sie an!

www.wohnprojekte-portal.de
www.wohnbund.de
www.fgw-ev.de (Forum Gemeinschaftliches Wohnen e.V.)
www.amaryllis-bonn.de
www.villa-emma-bonn.de (Ableger von Amaryllis in Bonn)
www.zukunftspioniere.com/was/weniger-ich-ist-mehr-wir-gemeinschaft-lernen (Workshops der Autorin)
www.gls.de sowie die GLS-Kundenzeitschrift *Bankspiegel 209*, Ausgabe 2/2010 zum Thema »Gut wohnen. Gemeinschaften machen wirtschaftlich Sinn und bergen ökologische und soziale Vorteile«

Zum guten Schluss

Selber sterben statt gestorben werden

Akzeptieren Sie den Tod als Freund. Er gehört nun mal ans Ende jedes Lebens.
Von Werner Pieper

»Manche Menschen würden eher sterben als nachdenken. Und sie tun es auch.«
Bertrand Russell

Wir, ja auch schon Kinder, erleben täglich gewaltsame und fürchterliche TV-Todesfälle – ohne auch nur eine Ahnung vom wahren Sterben zu haben. Wie schein-heilig diese Welt ist, zeigte sich, als im britischen TV 2008 ein langsam Sterbender durchaus würdevoll live gezeigt wurde. Der öffentliche Aufschrei des Protests war gewaltig. Wenn Reality-TV Lebenskunde statt Klamauk bedeuten würde, sähe man häufiger Menschen in ihrem Todeskampf, ihrem Abschied(sschmerz), ihrem Kontrollverlust. Viele von uns können und wollen den Tod nicht freiwillig in ihr Weltbild integrieren – aber der schert sich nicht darum. Von amtlicher Seite ist hier auch nicht viel Hilfe zu erwarten, denn: »Der Staat besitzt das Tötungsmonopol. Also besteht kein staatliches Interesse, ein Recht zur Selbsttötung zu verankern, weil dadurch das Tötungsmonopol geschwächt werden könnte.« (Michel Foucault).

Warum nicht besser leben statt länger?

Heute werden wir 80, 90, 100 Jahre alt, sterben jedoch meist abgeschoben, allein, sediert und isoliert, mitunter jahrelang an Schläuche und Maschinen angeschlossen, die nicht immer die Schmerzen mindern, als Kostenfaktor – während wir bei dämmerndem Bewusstsein darauf warten, dass dieses störende Beep-Geräusch der Armaturen endlich schweigt und uns (in) Ruhe lässt. Brutal ausgedrückt: Die Mehrzahl von uns wird vor und beim Sterben institutionell ruhiggestellt werden.

Ein realistischer, einsichtiger Ausblick: »Was mich in Angst und Schrecken versetzt, ist die Vorstellung, daß ich dann ein im Bett festgebundener Invalide bin und an zehn verschiedenen Schläuchen hänge, bewegungsunfähig, daß mein Bewußtsein kaum noch funktioniert, ich kaum fähig bin zu sprechen, und daß mir die Windeln gewechselt werden. Das ist schlimmer als Sterben.« Frederick Ellis spricht mir (und Ihnen?) aus dem Herzen: »Der Tod ist mein finales Bürgerrecht, und ich denke nicht daran, ihn dem Staat, der Kirche oder einem Mediziner zu überlassen.« Die Alternative? »Sozialverträgliches Frühableben« nannte es der ehemalige Ärztekammerpräsident Karsten Vilmar. Diese Umschreibung erklärte man 1988 zum Unwort des Jahres. Wie wäre es mit einem »sozialverträglichen Freiableben«? Damit kein Missverständnis entsteht: Es geht hier um den gut überlegten und wohlvorbereiteten Freitod – nicht um Selbstmord aus Verzweiflung; laut Roger Willemsen um die »Idee des souveränen, das bedeutet auch des mündigen Individuums mitten auf einem Feld, wo diese Form der Selbstverantwortung durch Justiz, Vorurteil, Psychopathologisierung, Entmündigung starken Anfechtungen unterliegt. Doch erscheinen hier eigentlich Grundlinien der conditio humana. In der Idee vom selbstbestimmten Tod stellt sich nämlich die Frage der Freiheit in einem weit über den Freitod hinaus reichenden Sinn.«

Selber sterben statt gestorben werden

In den 1960ern waren wir noch zu jung, um uns übers Sterben Gedanken zu machen. Grund genug, das Thema jetzt anzupacken. Wer heute ins Rentenalter tritt, kann auf eine in unserem Kulturkreis einmalige Zeit zurückblicken: 65 Jahre Frieden. Das sollte schon Grund genug für Dankbarkeit sein, oder? Es muss schön sein, entsprechend dankbar gehen zu können. Mein Freund Timothy machte es uns 1996 vor. Er wusste fast zwei Jahre, dass sein Tod näherkam, nahm ihn als Herausforderung an, entschied sich gegen einen lebensverlängernden Krankenhausaufenthalt und hielt sich konsequent an seine verwegenen Aussprüche wie: »Der Tod ist doch der Höhepunkt des Lebens – der will doch gefeiert werden!« Und: »Hören wir auf mit dem peinlichen und feigen Gerede vom Tod. Zuerst sollten wir das Sterben entmystifizieren und alternative Metaphern für das bewusste Verlassen des Körpers entwickeln. Spekulieren wir einmal gutgelaunt über die postbiologischen Möglichkeiten. Erforschen wir die Möglichkeiten des bewussten Sterbens.«

Er starb, wie gewünscht, im Kreise seiner Lieben. Zum bewussten Sterben gehört eine durchdachte Vorbereitung. Ganz wichtig: Auf wessen Kosten wollen Sie sterben? Wem muten Sie Ihren Tod und dessen Nachwirkungen zu? Wer muss für die Beerdigung zahlen, den Nachlass verwalten? Es geht um die Auflösung der Wohnung, des Geschäfts, Kündigung von Konten, Versicherungen, Telefon, Abonnements und so weiter. Eine Heidenarbeit, vor allem, wenn entsprechende Vorsorge-, Bank-, Post- und andere Vollmachten wie ein Testament, Erbvertrag oder Patientenverfügung fehlen.

Im optimalen Falle geschieht der selbstbestimmte Tod eingebettet im und begleitet vom sozialen beziehungsweise familiären Umfeld; wahlweise bleibt der Sterbende allein – jedoch ohne negative Folgen für Dritte. Der finale Schritt des Lebens will also gewissenhaft vorbereitet sein – aber welche Art des freiwilligen Abschieds ist die richtige? Harte Selbstmordmethoden wie Erschießen, Zyankali, Sprengstoff, das Springen vor einen Zug und das Springen aus großer Höhe sind effektiv, scheiden jedoch wegen ihrer Folgen für Dritte aus, keine eignet sich für einen würdevollen Freitod. Die akzeptabelste Variante ist das Fasten, das Verweigern von Nahrung; fast alle anderen Methoden haben ihre Nachteile.

Haben Sie schon nachgedacht, wie Sie bestattet werden möchten? Mir ist es gleich, wie mein Körper schlussendlich aus dem Blickfeld verschwinden wird … die Entscheidung möchte ich gerne den Menschen überlassen, die den Rest ihres Lebens damit leben werden. Denn irgendwie werde ich hier ja allemal in bleibender Verbundenheit weiter durch hinterlassene Spuren in Herzen und Erinnerungen herumgeistern, völlig gleich, ob sich mein Körper in der Erde, als Diamant oder als Fischfutter verabschiedet. Gone today, but here tomorrow …

»Schöne Tage. Weine nicht, dass sie vorüber, sondern lächle, dass sie gewesen.«
Rabindranath Tagore

Die Autoren

Jörn Alexander betreut seit 2009 die »Plattform für Veränderung« www.bewegung.taz.de.

Kathleen Battke lebt seit 2009 im Amaryllis Wohnprojekt, begleitet gemeinsam mit ihrem Mann in ihrem Unternehmen »Zukunftspioniere« Menschen und Organisationen und schreibt Firmen-, Projekt- und Individual-Biografien.

Luther Blissett gehört zu den meistgelesenen noch lebenden Experten für moderne Enttaxonomifizierungstechniken. Hobbys: vielseitig. Er lebt in Pallingen und Kathmandu.

Mathias Bröckers, von 1980 bis 1991 *taz*-Kulturredakteur, berät die *taz* seit 2006 in Sachen Online und schrieb zuletzt als John S. Cooper mit einem Co-Autor einen Polit-Thriller über Alternativwährungen (*Zero*, Köln 2010).

Kathrin Burger ist Ernährungswissenschaftlerin und Journalistin, unter anderem für die *taz*. Zuletzt erschien von ihr *Die Vollkornlüge – und andere Ernährungsmärchen*, Freiburg 2008.

Dany Cohn-Bendit ist Co-Vorsitzender der Grünen-Fraktion/Freie Europäische Allianz im Europaparlament.

Ellen Diederich lebt als Aktivistin und Autorin in Oberhausen. Unter anderem hat sie das »Frauenfriedensarchiv« gegründet.

Christian Felber unterrichtet Globalisierungskritik an der Wirtschaftsuniversität Wien. Er ist Sprecher von attac Österreich und Initiator der Gemeinwohl-Ökonomie. Letzte Buchveröffentlichung: *Gemeinwohl-Ökonomie,* Wien 2010.

Christian Füller ist *taz*-Redakteur sowie Autor der Bücher *Die Gute Schule,* Weinheim 2010, und *Ausweg Privatschulen?*, Hamburg 2010.

Dagmar Gast ist freie Landschaftsarchitektin in Berlin und arbeitet interdisziplinär auf den Gebieten Freiraumplanung, Gebäudebegrünung und Regenwassermanagement.

Konny Gellenbeck arbeitet seit 1986 bei der *taz*, 1996 hat sie die Projektleitung der *taz* Genossenschaft übernommen, seit 2008 ist sie im Vorstand der gemeinnützigen *taz* Panter Stiftung, deren Gründung sie organisiert hat.

Johannes Gernert ist *sonntaz*-Redakteur.

Adrienne Goehler ist Berliner Kultur- und Wissenschaftssenatorin a. D., Autorin, Kuratorin der Ausstellung ZUR NACHAHMUNG EMPFOHLEN! und Mitglied des Kuratoriums der *taz* Panter Stiftung.

Mathias Greffrath ist Publizist und lebt in Berlin.

Detlef Gürtler schreibt unter anderem seit 2006 den »Wortistik«-Blog auf blogs.taz.de/Wortistik.

Imma-Luise Harms, Informatikerin und Philosophin, *taz*-Redakteurin von 1980 bis 1993, Dokumentarfilmerin, tazblog-Autorin, unermüdlich bewegte autonome Mikrozelle, lebt und engagiert sich in Märkisch-Oderland nordöstlich von Berlin.

Thomas Hartmann war einer der Mitgründer der *taz* und als »Freigesteller« ihr erster Chefredakteur. Danach arbeitete er in verschiedenen interkulturellen Projekten. Seit 2007 betreut er die »*taz*-Reisen in die Zivilgesellschaft«.

Marko Heckel ist Gärtner in einem Mecklenburger Dorf, produziert und handelt Zutaten für die Herstellung von Terra Preta (www.triaterra.de).

Ulrike Herrmann ist Wirtschaftskorrespondentin der *taz*. 2010 erschien ihr Buch *Hurra, wir dürfen zahlen*.

Helmut Höge arbeitet seit 1980 als Autor, Kolumnist und »Facility Manager« für die *taz*. Sein Blog »Hier spricht der Aushilfshausmeister!« erscheint seit 2006 auf blogs.taz.de.

Bernhard Hübner ist *taz*-Korrespondent in München.

Bernward Janzing arbeitet als freier Journalist in Freiburg, unter anderem für die *taz*.

Annette Jensen ist frühere *taz*-Redakteurin, freie Journalistin und Buchautorin.

Sanem Kleff ist Lehrerin, Gewerkschaftsaktivistin und hat »Schule ohne Rassismus« in Deutschland mit aufgebaut.

Edith Kresta ist *taz*-Redakteurin.

Manfred Kriener ist ehemaliger *taz*-Redakteur und einer von zwei Chefredakteuren des neuen Umweltmagazins zeozwei.

Robert Misik ist freier Autor und lebt in Wien. Er schreibt regelmäßig in der *taz*. Von ihm erschien zuletzt: *Anleitung zur Weltverbesserung*, Berlin 2010. Näheres: www.robertmisik.at.

Jean Peters ist prekär lebender Clown, Aktivist, Gelegenheitskommunist und Politikwissenschaftler. Hobbys: spielen, tanzen, hart arbeiten. Er lebt in Berlin und Rüdersdorf.

Werner Pieper macht mit seinem Verlag Grüne Kraft seit über 30 Jahren Medienexperimente, 2009 gab er das Buch *Friede sei mit mir (& Dir) – Selber sterben statt gestorben werden* heraus.

Haiko Pieplow ist promovierter Bodenwissenschaftler und Diplom-Agraringenieur.

Ines Pohl ist seit 2009 Chefredakteurin der *taz*.

Rita Schäfer ist promovierte Ethnologin und schrieb unter anderem das Buch *Im Schatten der Apartheid*.

Ute Scheub ist Mitbegründerin der *taz*, Publizistin und Kuratoriumsvorsitzende der *taz* Panter Stiftung.

Tom Schimmeck, ehemaliger *taz*- und *Spiegel*-Redakteur, arbeitet heute als freier Journalist und Buchautor, zuletzt erschien von ihm *Am besten nichts Neues*, Frankfurt 2010.

Hans-Peter Schmidt ist Leiter des Delinat-Forschungsinstituts für Ökologie und Klimafarming im Schweizer Kanton Wallis (www.delinat-institut.org).

Nina Céline Schoenian ist Kommunikationswissenschaftlerin und arbeitet als Kreativdirektorin auch für die *taz*. Die Recherche ihres Textes erfolgte mit bezahlten und unbezahlten Quellen.

Ben Schwan schreibt über Hard- und Software bei *Technology Review* und auf taz.de.

Christian Semler, einst Vorsitzender der revolutionären KPD/AO (1974), ist seit 1989 Redakteur und Autor der *taz*.

Michael Sontheimer ist Historiker und *taz*-Mitbegründer, arbeitet für den *Spiegel* und ist Mitglied des Kuratoriums der *taz* Panter Stiftung.

Hermann-Josef Tenhagen ist Journalist, Chefredakteur von *Finanztest* und im Aufsichtsrat der *taz*.

Martin Unfried ist *taz*-Kolumnist, arbeitet als Experte für europäische Umweltpolitik in Maastricht und liebt die solare Effizienzrevolution: www.oekosex.eu

Peter Unfried war stellvertretender Chefredakteur der *taz* und ist jetzt ihr Chefreporter. Sein Buch *Öko. Al Gore, der neue Kühlschrank und ich* erschien 2008.

Alke Wierth ist Redakteurin für Interkulturelles im *taz*-Lokalteil Berlin.

Dilek Zaptcioglu ist Journalistin und Schriftstellerin und lebt in Istanbul.